AF600974

INAUGURATION

DU BUSTE DU

COMTE DE SERRE

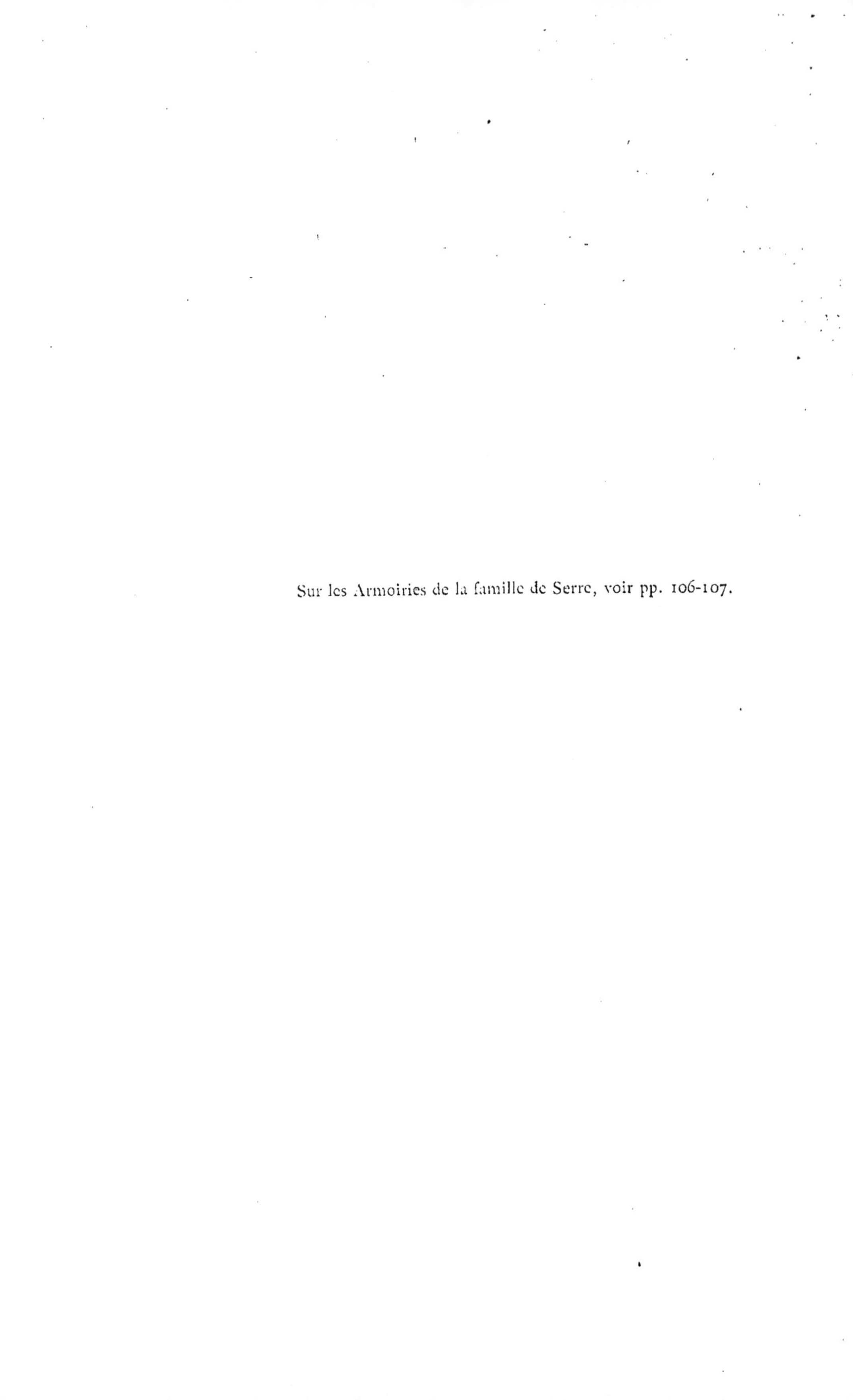

Sur les Armoiries de la famille de Serre, voir pp. 106-107.

H. DE SERRE

INAUGURATION

DU BUSTE DU

COMTE DE SERRE

ÉRIGÉ SUR SA MAISON NATALE

A PAGNY-SUR-MOSELLE

AU MOYEN D'UNE SOUSCRIPTION NATIONALE

Le 24 octobre 1886

NANCY

IMPRIMERIE BERGER-LEVRAULT ET Cie

11, RUE JEAN-LAMOUR, 11

—

1886

HISTORIQUE DE LA SOUSCRIPTION

COMPTE RENDU

DE LA

CÉRÉMONIE D'INAUGURATION

Le 14 août 1885, M. Louis LALLEMENT, avocat à la Cour d'appel de Nancy, adressait la circulaire suivante à un grand nombre de membres de la magistrature, du barreau, du haut enseignement, des sociétés savantes, etc.

Buste à ériger à M. de Serre sur sa maison natale
à Pagny-sur-Moselle (Meurthe-et-Moselle).

SOUSCRIPTION

La postérité n'a point été juste pour la mémoire du comte de Serre. Depuis soixante ans, sa dépouille mortelle repose sur la terre étrangère, dans les caveaux de l'église Saint-Ferdinand, à Naples. La France n'a élevé aucun monument à l'un de ses plus grands orateurs.

M. de Cormenin a dit de lui[1] qu'il fut l'homme le plus éloquent de la Restauration. Il a dit encore : « Que de services inoubliables n'a-t-il

---

1. *Livre des Orateurs*, 12e édition, 1842 ; pp. 311, 304 et 306.

« pas rendus à la cause de la liberté ! . . . Jamais, depuis l'établissement « du gouvernement représentatif, en aucun débat, aucun ministre ne « s'éleva à la hauteur de M. de Serre... C'est lui qui a dit cette belle « parole : La liberté n'est pas moins nécessaire au perfectionnement « moral et religieux des peuples qu'à leur perfectionnement politique. »

M. Guizot lui a rendu, dans ses *Mémoires*[1], un hommage qui restera. Louant à la fois son talent et son caractère dans la discussion des lois sur la presse, — qui furent son œuvre principale, — il dit : « M. de Serre « avait une éloquence singulièrement élevée et pratique à la fois. Il « soutenait les principes généraux en magistrat qui les applique, non « en philosophe qui les explique. Sa parole était profonde et point « abstraite, colorée et point figurée ; son argumentation était de « l'action. Il exposait, raisonnait, discutait, attaquait ou se défendait « sans préméditation littéraire, ni même oratoire, élevant la force des « raisons au niveau de la grandeur des questions, abondant sans luxe, « précis sans sécheresse, passionné sans déclamation, trouvant toujours « la plus solide réponse à ses adversaires, aussi puissant dans l'impro- « visation qu'après la méditation. »

C'est à lui que la France a dû l'organisation légale de la liberté de la presse, et les lois postérieures ont laissé debout toutes les assises du vaste monument qu'il a édifié.

Ne serait-ce pas rendre à cette noble mémoire un hommage vraiment digne d'elle que de placer l'image de l'orateur sur sa maison natale[2], dans ce village qu'il a tant aimé, où il était si heureux de revoir sa chère famille ; où il avait, enfant, son *Tusculum*[3], modeste abri dans lequel il se préparait par la lecture à la grande éloquence?

Il est juste que le pays qui l'a vu naître se plaise à immortaliser ses traits. Il ne faut pas qu'un seul habitant de Pagny puisse ignorer qu'il est le compatriote de l'homme éminent qui a honoré la tribune française, après avoir été un avocat distingué et un grand magistrat.

Ayant obtenu l'autorisation de M. le Préfet de Meurthe-et-Moselle et de M. le Maire de Pagny, j'adresse un très pressant appel à tous les

---

1. Tome I, 1858, p. 178.

2. Pierre-François-Hercule DE SERRE, né à Pagny-sur-Moselle le 12 mars 1776, est mort à Castellamare le 21 juillet 1824.

3. M. Salmon, *Étude sur M. le comte de Serre,* 1864, p. 5.

admirateurs de M. de Serre, pour faire exécuter son buste, en bronze, par Mathias Schiff, jeune statuaire lorrain, qui vient de doter la ville de Nancy de deux œuvres magistrales : la statue équestre de René II, duc de Lorraine, sur la place Saint-Epvre, et le buste de M. Guerrier de Dumast dans la cour d'honneur du Palais des Facultés. Ce dernier est un chef-d'œuvre de ressemblance, et je voudrais que le buste de M. de Serre eût les mêmes dimensions (quatre-vingt-dix centimètres ou un mètre de hauteur).

Il faut, pour cela, réunir au moins la modeste somme de deux mille francs.

Je ne doute pas que la souscription ne soit bientôt couverte. Je ne la limite pas au pays natal, car M. de Serre est une gloire française. J'espère qu'ainsi la France et la Lorraine acquitteront une dette sacrée d'admiration et de reconnaissance envers un de leurs plus illustres enfants.

Louis LALLEMENT,
AVOCAT A LA COUR D'APPEL DE NANCY,
ASSOCIÉ-CORRESPONDANT DE L'*Académie de Stanislas.*

Les souscriptions doivent être adressées, en mandats sur la poste, à M. Louis Lallement, rue de la Pépinière, 27, à Nancy (Meurthe-et-Moselle), ou déposées dans les bureaux des journaux qui publieront l'appel ci-dessus et déclareront ouvrir une liste de souscription.

En même temps, M. Lallement adressait la même circulaire à tous les rédacteurs des journaux de Nancy, de Pont-à-Mousson, de Metz, de Colmar, de Mulhouse, de Strasbourg, et à ceux des principaux journaux de Paris, avec la lettre d'envoi dont voici le texte :

Monsieur le Rédacteur,

J'ai l'honneur de vous envoyer l'appel que j'adresse à tous les admirateurs de M. de Serre.

J'ose vous prier de vouloir bien le publier dans vos colonnes, et de provoquer les adhésions.

Vous voudrez bien, je l'espère, recevoir les souscriptions qui vous seront adressées, et me les transmettre. Je vous prie de publier la liste des souscriptions qui vous parviendront. Ce sera d'un bon exemple.

Il s'agit d'une gloire nationale sur le mérite de laquelle tout le monde est d'accord, sans aucune acception de parti. J'espère donc rencontrer une sympathie unanime. C'est pourquoi je m'adresse aux journaux de toutes nuances, à tous ceux qui rendent justice aux illustrations de notre pays.

Agréez, Monsieur le Rédacteur, l'expression de ma haute considération.

L'idée ainsi émise fut favorablement accueillie à Paris et en province. L'Appel fut reproduit et approuvé par un grand nombre de journaux, notamment par presque tous ceux de Lorraine et d'Alsace, et, à Paris, par la *Gazette de France*, le *Moniteur universel*, le *Soleil*, le *Français*, etc. Le *Journal de la Meurthe* et l'*Espérance* de Nancy publièrent les listes de souscripteurs. Les souscriptions arrivèrent en assez grand nombre pour que, dès le 5 septembre 1885, M. Lallement pût charger de l'exécution du buste M. Mathias Schiff, né à Rethel-lès-Sierck, alors à Lion-sur-Mer ; et pour que, le 6 octobre suivant, il pût traiter pour la reproduction en bronze de l'œuvre du statuaire avec MM. Thiébaut frères, fondeurs, rue de Villiers, 32, à Paris[1].

L'état de santé de Mathias Schiff l'obligea à passer l'hiver à

1. On trouvera plus loin, nos I et II, dans les *Pièces justificatives*, la Liste des Souscripteurs et le Compte rendu des Recettes et Dépenses de l'œuvre.

Alger; mais dès lors il se mit courageusement à l'œuvre, après s'être entouré de tous les portraits connus de M. de Serre, et en s'inspirant surtout du beau portrait à l'huile conservé à la Cour d'appel de Colmar, dont M. de Serre avait été premier président : portrait dont la parfaite ressemblance avait été affirmée par M. de Maillier, ami personnel du grand orateur, à son neveu M. Octave de Maillier.

De retour à Paris dans les derniers jours de mai 1886, Schiff put se consacrer à peu près exclusivement au travail dont il avait bien voulu se charger ; il ne négligea ni soins ni efforts ; il soumit son œuvre, en cours, à tous ceux qui pouvaient l'aider d'utiles conseils, entre autres à M. le comte Gaston de Serre, à M. Salmon (de l'Institut) ; et, le 12 juillet 1886, le statuaire remettait son œuvre achevée aux fondeurs, qui, le 4 août, expédiaient le buste en bronze à Pagny, où il arriva le 6.

On avait espéré que l'inauguration pourrait avoir lieu le 8 août ; mais les travaux de la niche monumentale destinée à recevoir le buste, et qui fut exécutée sous l'habile et désintéressée direction de M. l'architecte Genay, par MM. Parvillée et Cornille, sculpteurs-décorateurs à Nancy, rue de Strasbourg, 126, ne purent être entièrement terminés pour cette époque. L'inscription commémorative, gravée en lettres d'or, sur marbre noir poli, par M. Ferdinand Thouvenin, marbrier à Nancy, rue des Quatre-Églises, 57, fut posée le 20 août 1886, un an après l'ouverture de la souscription.

L'époque des vacances fit retarder l'inauguration jusqu'au dimanche 24 octobre.

Ce jour-là, à onze heures du matin, a commencé la cérémonie d'inauguration annoncée par le son des cloches[1], sonnant à toute

---

1. Une de ces cloches, la grosse, a sonné le baptême d'Hercule de Serre, en 1776.

volée. Elle a eu lieu au pied même du monument, devant la maison natale pavoisée de drapeaux et décorée de feuillages. Elle a été présidée par M. DES AULNOIS, maire de Pagny, ayant à sa droite M. SALMON, à sa gauche M. MÉZIÈRES. La famille était représentée par Mlle la comtesse Marie DE SERRE, fille de l'orateur; M. le baron DE FORCEVILLE, son gendre; Mme la vicomtesse DU PLESSIS, née Germaine DE FORCEVILLE; Mlles Marie et Émilie DE FORCEVILLE, toutes trois petites-filles du comte de Serre; et par plusieurs membres de la famille D'HUART, à laquelle appartenait Mme de Serre.

Le Conseil municipal de Pagny assistait à la fête, ainsi que M. MARTIN, curé de la paroisse.

Un assez grand nombre de souscripteurs étaient venus y prendre part, notamment: M. le président D'HANNONCELLES, M. BOUCHER père, MM. Charles et Maurice DE RAVINEL, M. Octave DE MAILLIER, M. Alexandre CHARLOT, M. Henri MENGIN, etc., etc.

La plupart des habitants de Pagny assistaient à l'inauguration.

M. le Maire a déclaré la séance ouverte. Aussitôt le voile qui recouvrait le buste est tombé, et la parole a été donnée successivement à MM. Louis LALLEMENT, DES AULNOIS, MÉZIÈRES, SALMON, AURICOSTE DE LAZARQUE, et le baron G. D'HUART, dont les discours sont reproduits ci-après.

La séance a été levée à midi trois quarts.

M. DES AULNOIS, maire, a bien voulu ensuite recevoir à sa table les principaux membres de la famille, les personnes qui avaient prononcé des discours, et quelques souscripteurs. M. et Mme DES AULNOIS ont fait gracieusement les honneurs de cette réception, qui a été aussi cordiale que charmante.

PAROLES PRONONCÉES

PAR

M. LOUIS LALLEMENT

AVOCAT A NANCY

PROMOTEUR DE LA SOUSCRIPTION

MESSIEURS,

Il n'est jamais trop tard pour rendre justice à nos concitoyens illustres, pour signaler une grande mémoire au respect, à l'amour des générations. Si le souvenir de l'homme auquel nous venons rendre ici un solennel hommage, s'était quelque peu effacé de l'esprit des habitants de cette commune et de ce pays, nous voulons l'y faire revivre à jamais comme celui d'un admirable orateur et d'un grand citoyen.

Mais d'abord, merci à vous tous, messieurs, qui m'avez aidé dans cette tâche que vous m'avez rendue douce et facile à remplir! Merci à l'autorité municipale qui, la première, a voulu seconder mes efforts. Merci à ces nombreux souscripteurs dont le concours empressé m'est arrivé si vite de tous les points de la France, de la Lorraine où M. de Serre naquit, de Metz où il débuta dans la vie publique, de l'Alsace, enfin, qui, par une sorte d'intuition, devina l'orateur politique sous la toge du magistrat, et donna ainsi à la tribune française une de ses gloires les plus vraies.

Merci à vous, messieurs, qui êtes accourus aujourd'hui saluer les premiers l'image fidèle de l'enfant de Pagny, et qui pouvez juger du talent déployé par notre statuaire dans l'œuvre à laquelle, malgré la maladie, au mépris de cruelles souffrances, il s'est dévoué avec la plus généreuse ardeur.

J'aurais voulu le voir ici, au premier rang, à l'honneur, après qu'il avait été au travail. J'aurais voulu y voir aussi le fils du grand orateur, M. le comte Gaston de Serre, qui m'avait promis sa présence et qu'une mort récente[1] a enlevé à l'affection des siens; sa dernière visite, messieurs, a été pour l'atelier de Mathias Schiff, et il a applaudi à l'œuvre que vous contemplez, heureux d'y retrouver la ressemblance du modèle et le sceau du génie. J'aurais voulu enfin y voir l'historien du héros de cette fête[2], à qui il m'eût été bien doux de céder la parole pour faire revivre, en ce jour, l'homme qui l'a si bien inspiré; je regrette vivement qu'il n'ait pu répondre à mon pressant appel. C'est donc à moi que revient l'honneur de dire pourquoi nous érigeons ce monument, à l'aide d'une souscription nationale.

Pierre-François-Hercule DE SERRE est né dans cette maison, il y a cent dix ans, le 12 mars 1776. La famille de Serre

---

1. Survenue à Paris le 27 juin 1886.

2. M. Charles de Lacombe, auteur du très remarquable ouvrage intitulé : *Le Comte de Serre, sa vie et son temps;* Paris, Didier, 1881, 2 volumes in-8°. Il y a aussi une édition in-12, également en deux volumes.

venait du Midi. « Le chaud nous convient, — écrit Hercule de Serre dans une de ses lettres, — c'est un reste de l'origine catalane. » Ses ancêtres avaient successivement habité l'Italie et l'Espagne ; ils s'étaient ensuite fixés à Avignon. Vers le milieu du XVe siècle, Laurent, l'un d'eux, s'associant à la fortune des princes de la Maison d'Anjou, les accompagna en Lorraine. Il se maria à Nancy, et ses descendants, — comme ceux de Joachim de Maud'huy, d'origine champenoise, duquel est issue la mère de Pierre-François-Hercule, — remplirent les premières charges dans les Conseils des ducs de Lorraine et à la Cour souveraine du duché. Le roi Stanislas, dernier souverain du pays, voulant reconnaître les services de cette famille fidèle, érigea, le 23 octobre 1757, la maison principale qui servait alors d'habitation à Louis-François de Serre, à Pagny, en une maison noble et seigneuriale, et tous les biens et droits qu'il possédait sur les bans de Pagny et Preny en un corps de fief avec attribution de haute, moyenne et basse justice, sous le titre de « *la Seigneurie de Serre* », à laquelle le monarque attribuait le droit de chasse personnel sur les bans et finages de Pagny et Preny [1].

Le père d'Hercule le destinait à la carrière des armes, que lui-même avait suivie. Il le fit entrer, en 1789, à l'école militaire de Pont-à-Mousson. L'année suivante, le jeune de Serre était nommé aspirant au corps royal de l'artillerie.

Bien que ses maîtres l'eussent surtout préparé aux sciences, aux mathématiques, il aimait les lettres par-dessus tout ; il se plaisait à réciter tout haut les discours de Cicéron. Dans le domaine de sa famille, il y avait un site que son grand-père Louis-

---

1. Ce titre est imprimé au tome VI de la *Correspondance du Comte de Serre*, page 151.

François, le conseiller en la Cour souveraine[1], avait nommé *Tusculum,* en mémoire de l'orateur romain. C'était la retraite préférée du jeune étudiant, le but de ses promenades pendant les vacances; on l'y rencontrait souvent livré à ses lectures favorites.

Des événements qui remplirent le monde ne tardèrent pas à l'arracher aux siens. Émigré par obéissance filiale, il dut vivre bien longtemps loin de sa mère qu'il adorait, cherchant à s'instruire, ayant emporté dans son sac de soldat ses livres les plus chers, ne cessant de songer à son lieu natal. « Cette maison de Pagny où il avait passé son enfance, ce coin de terre dont il connaissait tous les replis et tous les habitants, cette famille où il avait concentré ses affections, c'étaient là autant d'images sans cesse présentes à son souvenir, et dont l'obsession, à la fois délicieuse et navrante, irritait son désir de revoir la France[2]. »

Un jour, n'y tenant plus, il franchit la frontière, traverse à pied, sous un déguisement, l'Alsace et la Lorraine, et arrive à Pagny par une belle nuit d'été. Là commençait véritablement pour lui le danger; il pouvait être vu par quelque indiscret, et, sans que la malveillance s'en mêlât, sa présence dans le pays pouvait être dénoncée. Heureusement, à l'entrée du village, il avait rencontré son père nourricier et s'en était fait reconnaître; ivre de joie, le bon paysan court avertir la famille du voyageur, puis vient le reprendre où il l'avait laissé, le conduit par des détours jusqu'à une porte de derrière du jardin paternel, et là le remet aux bras de sa mère, de sa sœur et de son frère qui l'attendaient dans toute l'impatience de la tendresse émue par la crainte, et qui voulaient l'avoir vu pour croire à son retour. On s'embrassa,

1. Celui dont M. Benckhard, juge au Tribunal civil de Nancy, possède un beau portrait à l'huile, en costume de magistrat.

2. M. Ch. de Lacombe, *Le Comte de Serre, sa vie et son temps,* t. I, p. 11.

on pleura, mais on fut longtemps sans pouvoir se parler. Après cinq années d'absence et d'exil, l'émigré avait enfin revu le manoir de ses pères et sa famille. Il s'était promis de n'y faire qu'une apparition ; bien qu'il y vécût caché, il ne put plus le quitter... [1]. Il ne sortait que la nuit, dans les jardins.

Le coup d'État du 18 fructidor (4 septembre 1797) le força à s'éloigner de sa patrie pour longtemps encore. De Constance, il écrivait à sa mère, le 8 octobre 1798 : « D'ici je jouis de l'abon-
« dance de vos récoltes, je ne vois nulle part de beaux vergers,
« de belles vignes que je ne me reporte au milieu de vous,
« non sans regret de ne pouvoir partager tous vos soins. » Et, quelques jours après, le 14 octobre, de Reutlingen en Souabe :
« Puissé-je attendre ici la fin de mon exil, et ne plus entreprendre
« d'autre voyage que vers ma patrie ! » Il se fit professeur, donna des leçons fort appréciées, et revit la France en 1801, « ayant appris chez l'étranger à mieux aimer sa patrie », a dit excellemment une autre illustration de ce pays où nous sommes, M. le procureur général Fabvier [2].

Sa première pensée fut de se vouer au barreau. « Choisissant la plus noble des professions, à la suite des discordes civiles, — a dit le même orateur [3], — l'ancien soldat de l'armée de Condé, qui lisait Montesquieu dès son enfance et en émigration, s'improvise défenseur officieux à Metz, en arrive vite à « plaider absolument sans écrire [4] », et subit, à vingt-neuf ans, en 1805, l'examen qui lui vaut le diplôme de licencié en droit. En peu

1. M. Salmon, *Étude sur M. le Comte de Serre*, p. 12.

2. *Discours prononcé à l'audience de rentrée de la Cour royale de Nancy*, le 5 novembre 1839, p. 13.

3. *Discours prononcé à l'audience de rentrée de la Cour royale de Nancy*, le 5 novembre 1839, p. 13.

4. *Correspondance*, 22 août 1804.

de temps, il conquiert au barreau de Metz le premier rang. Écoutez, messieurs, la définition qu'il donne des affaires[1] : « Les « bonnes sont, pour le vulgaire, celles que l'on gagne; pour « moi, celles que je juge telles. Mais je me trompe, mais les « juges se trompent. Je tâche que l'un et l'autre soit le plus rare « possible; je n'y réussis pas toujours. Je suis tout entier à mon « état; je ne me permets presque aucune distraction. » Il dit encore[2] : « Je ne suis pas d'avis de l'insertion aux journaux; « j'aime à faire plus de besogne que de bruit, et je n'aime point « la vengeance. »

La valeur hors ligne dont il fit preuve le fit nommer d'emblée premier avocat général à Metz même (mars 1811); il avait juste trente-cinq ans. Quatre mois après, il était nommé premier président de la Cour impériale que la France créait à Hambourg. C'était son compatriote, le grand-juge Regnier, qui le plaçait ainsi « comme aux avant-postes de la magistrature ». Le président Colchen écrivit alors, de Metz, au jeune premier président : « Vous commencez votre carrière comme les autres la finissent! » En réalité, ce fut pour notre compatriote l'ère des tribulations les plus pénibles de sa vie judiciaire. Mais de Serre s'y montra supérieur à la fortune. Tout d'abord, il conquit les Hambourgeois par l'humanité avec laquelle il s'efforça de faire disparaître, autant que possible, les divers inconvénients et les souffrances résultant du passage des anciennes lois et des anciens tribunaux au système français, d'accommoder les plus fâcheux conflits, et, partout où cela lui était permis, d'introduire de justes ménagements envers les sentiments blessés des nationaux. Il donnait à toutes les juridictions quelques jours de présidence pour leur im-

1. *Corr.*, 20 juin 1809.
2. *Corr.*, 5 juin 1811.

primer l'élan et une saine direction. Dans ses instructions à ses collaborateurs, il trouvait la véritable éloquence en parlant du devoir. Il veillait avec un soin jaloux à la dignité des magistrats, et savait les défendre vigoureusement contre les empiétements des autres pouvoirs. Les avocats de Hambourg, à l'issue d'un grand procès engagé contre quelques notables de la ville qu'on avait accusés de tentatives de corruption, rendirent à la haute impartialité du premier président le plus touchant hommage : « Vous apprendrez avec plaisir, lui écrivaient-ils [1], que vous êtes « personnellement apprécié de vos nouveaux compatriotes. » Il n'a laissé à Hambourg que d'honorables souvenirs : les fils n'ont entendu leurs pères parler de lui qu'avec éloge ; on y vante encore son désintéressement, sa droiture, son humanité, autant que son habileté et son intelligence. Le temps ne me permet pas de retracer ici, même sommairement, les heures douloureuses de l'évacuation, et celles non moins pénibles de la rentrée dans Hambourg ; ai-je besoin de dire que le premier président fut toujours du côté de la clémence, et qu'écrivant à son collègue de Metz, M. de Gartempe, « son père en magistrature », comme il l'appelait, il disait : « Dans ces fautes et châtiments collectifs que « la raison politique commande, il y a forcément toujours plus « de malheureux que de coupables [2] ? »

L'Empire s'effondra. La Cour française de Hambourg, que de Serre se plaisait à appeler « son troupeau », disparut. Lui n'était plus rien. Il songea à reprendre sa robe d'avocat, à « revenir à « son sac », comme il disait [3]. Mais le nouveau gouvernement de la France ne voulut pas se priver d'un tel homme ; et, le 1er janvier 1815, il se réveillait « premier président d'Alsace,

1. 15 décembre 1811. V. M. de Lacombe, *Le Comte de Serre*, t. I, p. 78.
2. *Corr.*, 24 juin 1813.
3. *Corr.*, 8 juin 1814.

séant à Colmar ». Il fut installé dans ces fonctions le jour même où la nouvelle du débarquement du golfe Juan parvenait dans la ville, et, à cette occasion, il improvisa sur « l'homme de malheur » une philippique que je ne crains pas de comparer aux Catilinaires de Cicéron. C'est la même ampleur, la même puissance, je dirais volontiers la même grandeur.

Revenu à Colmar le 16 août 1815, après les Cent-Jours, il fut élu député du Haut-Rhin le 23 du même mois. Ses études assidues en exil, et, depuis, la pratique des affaires et le commerce des hommes lui avaient donné une expérience qui manquait à beaucoup de ses nouveaux collègues. Il se révéla orateur et s'éleva de suite aux plus hautes destinées. Il n'eut pas un instant d'hésitation sur la ligne politique à suivre. « Envoyé à la « Chambre, — a dit l'orateur que j'ai déjà cité[1], — son premier « mot y protesta contre les emportements d'une réaction sans pitié; « et sa place fut bientôt choisie sur ce banc étroit où des hommes « éminents avaient écrit sur leur bannière : le trône et les libertés « publiques. »

Les limites que le temps m'assigne ne me permettent pas, messieurs, de le suivre pas à pas dans ces luttes de tribune qui mettent en jeu les plus grands intérêts, et aux prises les plus ardentes passions. Ses principaux mérites furent, à mes yeux, la modération, la sagesse, la justesse dans les idées, l'emploi du mot propre, vous me permettrez d'ajouter la simplicité oratoire. Oui, messieurs, quand on relit ses mémorables discours, on est frappé de sa haine pour la phrase solennelle, pour l'effet cherché. Il ne parle jamais pour parler, mais pour convaincre, et il y réussit presque toujours, fût-ce auprès d'adversaires déclarés, acharnés même. Mais ne croyez pas, messieurs, en lisant ces discours im-

---

1. M. Fabvier, *Discours*....., p. 14.

primés, pouvoir vous faire une idée de ce qu'était l'orateur. Ceux à qui il avait été donné de l'entendre, se plaignaient tous de ne presque rien retrouver le lendemain, au *Moniteur,* de ce qui les avait tant charmés la veille. Et, du reste, il faut, messieurs, qu'il en soit ainsi. Oui, il faut que l'orateur qui improvise perde, et perde beaucoup à la reproduction, fût-elle sténographiée, et vous savez qu'alors elle ne l'était pas ; l'écrivain, au contraire, qu'il lise ou qu'il débite par cœur, de mémoire, gagne à la lecture. Or M. de Serre n'était pas un écrivain, et il n'admettait point qu'on vint lire ou réciter des discours appris. « La puissance est à la « parole », écrivait-il à son ami de la Boulaye [1]. « Voulez-vous « marcher à la Chambre, écrivait-il à M. de Wendel [2], changez « votre règlement. Point de commissions, si la Chambre n'en « reconnait préalablement et chaque fois la nécessité..... Plus « de discours écrits. » Il veut absolument qu'un député puisse parler, occuper la tribune ; sans cela, on ne peut faire un vrai, un bon député. Il écrit encore au même [3] : « Vous devez absolu- « ment parler. La secrétairerie (dans une commission) donne « pour cela un immense avantage ; elle familiarise avec la tribune « et donne la parole presque à volonté. Dites d'abord quatre « mots, puis vous en direz vingt. Parlez sur de petites choses, « puis vous irez aux grandes..... Je vous le répète, c'est indis- « pensable. » Il conseille à l'orateur de « s'exercer à parler comme « je crois qu'il faut parler, — dit-il [4], — c'est-à-dire sans se lire ». Sans doute, « l'improvisation doit être fortement méditée [5] », mais écrire ce qui a été parlé, c'est refaire [6].

1. *Corr.,* 3 août 1820.
2. *Corr.,* t. IV, p. 41.
3. *Corr.,* 16 février 1820.
4. *Corr.,* t. I, p. 211.
5. *Corr.,* t. II, p. 188.
6. *Corr.,* t. II, p. 241.

Il écrit à Royer-Collard [1] : « J'ai lu avec avidité votre discours « dans le *Moniteur ;* je l'ai relu avec méditation. Je n'y saurais « ajouter une parole, et cependant il m'a paru court. Cela aussi « devait être ; il faut se serrer quand on ne veut pas donner prise « et pourtant parler. » Et ailleurs [2] : « Je craignais de tomber « dans les lieux communs, mais il paraît que les choses dites de « ferme conviction portent toujours un caractère particulier. »

C'est ainsi qu'il nous révèle les secrets du grand art. Vous dirai-je, messieurs, comment il l'a pratiqué ? Pendant six ans, la tribune française a retenti de ses accents, et, après plus d'un demi-siècle, l'admiration qu'ils ont unanimement excitée dure encore. C'est bien, comme l'a dit M. Laurentie, un « génie de tribune ». Il y est naturellement à sa place. C'est là qu'il faut le contempler. « Il tient tête à tout et à tous, — dit le duc Victor de Bro-« glie [3], — avec un degré d'intrépidité, de sang-froid, d'énergie, de « présence d'esprit, d'à-propos qui n'a jamais été égalé peut-être, « et certainement jamais surpassé dans aucune Assemblée délibé-« rante, rendant coup pour coup, raison pour raison, sarcasme « pour sarcasme, invective pour invective : la lutte était homéri-« que..... » — « Jamais la tribune française n'a vu et ne reverra « son pareil [4]. »

Royer-Collard, juge sévère en matière d'éloquence comme en tout, dit à propos de M. Guizot [5] : « Il a la force, mais M. de « Serre avait la grandeur ; son éloquence à lui se passait dans une « région supérieure — que vous dirai-je ? non pas la région où

1. *Corr.*, 31 août 1816.
2. *Corr.*, t. II, p. 139.
3. *Notes biographiques.* — V. *Le Duc de Broglie*, par M. Guizot, p. 114.
4. Appréciation du duc Victor de Broglie sur M. de Serre, citée par M. Jules Simon, *Journal des Débats* du 14 septembre 1886, article sur les *Souvenirs du feu duc de Broglie*, 2e et 3e volumes.
5. Sainte-Beuve, *Causeries du lundi*, t. XIV, p. 364, note 2.

« se forment les orages, mais quelque chose d'élevé et de grand. » Et ailleurs, s'adressant à M. de Rémusat, le même Royer-Collard disait [1] : « M. de Serre ! sérieux, imagination, éloquence, il avait « tout. »

Sa plume n'avait rien écrit à l'avance de ses discours : ils sont tels que l'improvisation les a fait jaillir de son âme, au milieu d'assemblées silencieuses et attentives, mais intérieurement travaillées par les passions les plus vives, sous l'action puissante de la contradiction et de la lutte.

Sa physionomie, naturellement calme et réfléchie, respirait la douceur et la bonté ; la gravité sereine de l'esprit s'y reflétait à tel point que le sourire, en passant par ses lèvres, y prenait de la dignité. Son œil ne dardait point de flammes, mais il s'animait du feu de sa parole.

Son port était noble, sa démarche avait de la grâce. Il joignait la justesse et la dignité du geste à la distinction suprême de l'organe, contraignant, même par la portée restreinte de sa voix, son auditoire à lui prêter une attention plus religieuse, plus soutenue, en faisant retentir, dans le silence d'une grande Assemblée enchainée tout entière à ses lèvres, les fermes inductions de la raison, la foi intime dans les principes et les vives ardeurs du sentiment. Tels furent la fortune et le privilège de son éloquence dans ces Chambres législatives où il exerça, pour un temps, la souveraineté de la parole, que nulle influence ne balança la sienne,

---

1. Sainte-Beuve, *Portraits littéraires*, t. III, p. 342, note 1. — Ailleurs, dans les *Nouveaux lundis*, t. IV, p. 276, Sainte-Beuve dit : « M. Royer-Col- « lard parlait magnifiquement et avec admiration de cette puissante et large « éloquence, comme de la plus haute à laquelle il eût assisté. Ce noble ora- « teur (M. de Serre) avait, en effet, ce qui anime et ce qui dévore, le *pectus*. « Doué d'une conception supérieure et lumineuse, fait pour embrasser et par- « courir tout un ordre d'idées avec ampleur et véhémence, il y joignait des « mouvements imprévus, de ces élans spontanés que peut seul suggérer le « génie de l'éloquence. Ce génie débordait en lui. »

nul succès, pas même ceux de Royer-Collard, ne dépassa ses triomphes. Il fut l'homme que l'exercice consommé des aptitudes si diverses de sa parole a mis partout en possession de la première place, qui a laissé quelque chose de son lustre à tous les corps auxquels il a appartenu.

La présentation de ses collègues le fit appeler par le roi à la présidence de la Chambre (13 novembre 1817), trois jours après celui où il avait pris place au bureau en qualité de secrétaire provisoire, comme l'un des quatre plus jeunes députés.

Son courage ne faiblissait jamais, et son calme égalait son courage. Une fois, une seule dans sa carrière [1], il eut l'honneur d'être rappelé à l'ordre : ce fut par l'Assemblée que Louis XVIII avait lui-même surnommée Chambre *introuvable*. Il dit simplement : « J'aime mieux, messieurs, être rappelé à l'ordre que d'être con-« traint, violenté dans le développement de mon opinion, que « de me rétracter contre ma conscience. » Puis il continua son discours comme si rien ne s'était passé.

Il faudrait bien des heures, messieurs, pour passer en revue ces grandes, ces magnifiques discussions auxquelles il prit part. La plus mémorable, celle à laquelle reste à jamais attaché le nom du ministre et de l'orateur, c'est celle de cette législation de 1819 qu'un libéral, M. Charles Comte, a proclamée « la meilleure « qu'on ait faite sur la presse, non seulement en France, mais « dans tous les pays [2] ». Ces belles et célèbres lois, qui furent l'œuvre de prédilection de M. de Serre, et dont les bases sont demeurées debout malgré les révolutions, sont contemporaines de cette heureuse appréciation portée sur un autre acte de l'orateur par l'un des principaux organes de publicité en France [3], et

1. Le 22 avril 1816.
2. *Corr.*, t. III, p. 42.
3. *Moniteur* du 24 mai 1819, au sujet du discours prononcé, le 17 mai,

qu'il eût pu prendre pour devise : « La patrie ne peut se reposer « et se guérir qu'au sein de la liberté légale. » Les lois des élections, le budget, les questions d'affaires et de finances, l'institution du jury, tous les problèmes politiques et législatifs trouvaient constamment prêt le garde des sceaux et le député, toujours luttant, toujours sur la brèche. L'homme qui avait prononcé cette parole aussi généreuse que vraie [1] : « Entre toutes les créan« ces, celles sur l'État sont les plus sacrées », avait été appelé au ministère de la justice le 29 décembre 1818, et il conserva ces hautes fonctions pendant trois ans, jusqu'au 15 décembre 1821. Je n'ai pas à vous dire, messieurs, comment il les remplit, avec quelle hauteur de vues, quelle sagacité de direction, quelle mesure et quel respect profond et sincère de la légalité. « Son pas« sage à la Justice, — a dit votre compatriote le procureur général Fabvier [2], — est marqué par des instructions dont la sagesse nous « guide encore. » C'est comme ministre qu'il dit un jour à la Chambre des pairs [3] qu'à ses yeux la franchise est le premier devoir des gouvernements.

Mais, hélas! ses forces physiques, épuisées par d'incessants labeurs, le trahirent, et il dut aller demander au climat de Nice un repos nécessaire. « Le temps perdu se répare, — dit à cette « occasion Louis XVIII, — mais il est des hommes qu'on ne « retrouve point. »

---

par M. de Serre, à l'occasion des pétitions sollicitant l'intervention de la Chambre en faveur de la rentrée des bannis.

1. Chambre des députés, 18 mars 1816 : discussion du budget. — *Discours prononcés par le Comte de Serre*, t. I, p. 58.

2. *Discours....*, p. 14. — V. à ce sujet l'*Analyse des circulaires, instructions et décisions émanées du Ministère de la justice*, par MM. Gillet et Demoly ; Paris, Cosse et Marchal (années 1819-1821).

3. Séance du 14 mai 1819, discussion de la loi sur la presse. — *Discours prononcés par M. de Serre*, t. I, p. 439.

Il revint pourtant, surmontant ses souffrances pour intervenir dans la discussion de la loi électorale au moment où il semblait presque impossible de la faire aboutir à un résultat satisfaisant; mais, trouvant aussitôt les bases d'une transaction, y amenant peu à peu et presque malgré eux ses collègues et la grande majorité de la Chambre, puis se retournant contre les dissidents, et, à force d'énergie et d'éloquence, domptant l'émeute parlementaire, en même temps qu'il donnait au pouvoir la force nécessaire pour dompter aussi celle de la rue, il devint manifestement, aux yeux de tous, le ministre indispensable. C'est alors que le comte de Montlosier lui écrivit (8 juillet 1820) : « On me mandait de « Paris, au sujet de vos mouvements de tribune : « M. de Serre « se tue, mais il est impossible de se tuer plus noblement et plus « admirablement. »

On se trompait, messieurs, car, — il me reste à vous le montrer, — ce n'est pas le mouvement, ce ne sont pas les ardeurs de l'éloquence qui ont mis fin à cette noble et généreuse existence; c'est le repos forcé, l'inaction, l'ennui....., et surtout, n'en doutez pas, le souvenir toujours présent des grandes luttes oratoires qu'il avait fallu quitter.

Il en avait le pressentiment, l'homme qui, en 1820, écrivait à sa mère : « Que faire, si ce n'est occuper la tribune ? »

Il avait été, — comme l'a si bien dit M. Ernest Daudet[1], — l'âme du second ministère du duc de Richelieu, mais ni sa forte éloquence, ni son libéralisme sincère, ni sa droiture chevaleresque ne purent préserver ce cabinet des coups redoutables de la coalition parlementaire composée de toute la gauche et de la plus grande partie de la droite. « On me pressait de rester », —

1. *Le Ministère de M. de Martignac*; Paris, 1875, p. 24.

écrit de Serre à sa mère ; — « je ne le pouvais ni sagement ni « honorablement. »

En descendant du pouvoir, il reçut de Louis XVIII le titre de comte et un majorat. M. Pasquier, chef du nouveau ministère, lui conseilla de demander la pairie, que venaient d'obtenir plusieurs de ses anciens collègues. « Prenez garde, ajoutait-il, aux « prochaines élections, Villèle vous combattra. — Il n'oserait, « répondit de Serre, après les services que j'ai rendus ; d'ailleurs, « si je puis encore être utile au roi et au pays, c'est surtout « comme député. »

Il songea alors à se faire inscrire au tableau de l'Ordre des Avocats à Paris. « De toutes les carrières que j'ai parcourues, « disait-il, le barreau est celle où j'ai recueilli le plus de satisfac- « tion. » Mais l'état de sa poitrine ne lui permit pas de donner suite à ce projet.

Nommé ambassadeur près la Cour de Naples le 9 janvier 1822, il quitta sa mère et la France avec les plus tristes pressentiments, comme s'il eût su qu'il ne devait pas les revoir. Ce poste n'était pour lui avantageux à aucun titre. Son traitement n'était pas en proportion avec la représentation indispensable à sa nouvelle fonction. « Je m'y ruine », écrivait-il de Naples (25 août 1823). Cette vie ennuyeuse d'ambassadeur d'une grande nation près d'une petite cour lui faisait amèrement regretter les succès parlementaires qui avaient été la grande, la belle époque de sa vie. Il en était réduit à se perdre dans de misérables questions de préséances, d'étiquette, de régime douanier... Il eut toutefois, dans cette dernière période de sa trop courte vie, un grand honneur et un grand plaisir. L'honneur fut d'accompagner le roi de Naples au Congrès de Vérone (novembre 1822), où il se fit remarquer par des talents diplomatiques hors ligne. Le plaisir fut de rencontrer à Rome l'illustre Niebuhr, diplomate comme lui, auteur d'une célèbre *Histoire romaine*, qui conçut pour de Serre l'amitié la plus vive et qui dit, en apprenant sa mort : « Notre siècle n'a « pas vu de génie plus beau et plus vigoureux. C'était l'âme la « plus pure qui fût sur la terre, et le cœur le plus aimant [1]. »

Je ne veux pas vous attrister, messieurs, en vous racontant d'une façon complète, si près des lieux qui en ont été le théâtre, les derniers efforts de l'orateur devenu ambassadeur et éloigné de la France, pour remonter à cette tribune dont il avait été l'honneur, et dont le gouvernement de la Restauration eut la malheureuse idée de le repousser. Il faut lire dans l'excellente *Étude* de M. Salmon, — à laquelle j'ai déjà fait tant d'emprunts, — les douloureux détails de cette lutte acharnée qui éclata à la fois au grand collège du département de la Moselle à Metz, et au collège d'arrondissement à Briey. Vous vous figurez peut-être que ces grands collèges, qui lui devaient le jour, se disputèrent l'honneur de l'avoir pour représentant à la Chambre des députés. Détrompez-vous, messieurs ! Un seul, celui de la Moselle, se souvint de lui et songea à l'élire. Ce fut, il faut bien le dire, le parti libéral qui eut l'honneur d'y produire sa candidature, et le parti royaliste qui le combattit ou le délaissa [2]. A Briey, M. Marchand-Collin, candidat ministériel, l'emporta sans peine. Il faillit en être autrement au grand collège de Metz, qui avait trois députés à nommer : les libéraux s'y comptèrent, et, allant à l'homme qui, après le crime de Louvel, avait semblé rompre avec eux, — tandis que ceux avec lesquels il avait alors paru

1. Lettre de Niebuhr à Mme Hensler, écrite de Bonn, le 2 septembre 1824 (*Corresp. du Comte de Serre*, t. VI, p. 117).

2. Il y a de cela soixante-deux ans. Faut-il, dès lors, nous étonner d'entendre, en 1885, une personne du pays messin à laquelle on demandait de souscrire pour le buste, répondre tout net : « *Eh quoi ! rendre hommage à la « mémoire de M. de Serre ? Non, non, c'était un libéral !* »

s'allier l'abandonnaient, — ils furent sur le point, en votant tous pour lui, de lui donner la majorité. Sur 197 votants, de Serre obtint 95 voix ; les trois candidats ministériels eurent la majorité. Un déplacement de quatre voix eût suffi pour la lui assurer et lui rouvrir ce Parlement vers lequel ne cessaient, depuis qu'il l'avait quitté, de se reporter tous ses vœux.

« J'étais alors à Naples, — raconte M. Duvergier de Hau-« ranne [1], — et, au moment où le courrier arrivait, j'appris tout « à la fois, de la bouche de M. de Serre lui-même, l'échec de « mon père et le sien. Je vois encore l'expression de sa figure et « j'entends l'accent de sa voix quand il m'annonça le coup im-« prévu qui le frappait. »

« M. de Serre, — a dit fort justement M. Fabvier [2], — eut le « partage des hommes d'État qui ne veulent ni rétracter, ni « dépasser leurs principes : les froideurs du pouvoir, l'injustice « des partis. Éloigné dans l'exil brillant d'une ambassade, l'ar-« deur de son âme le consuma..... »

Lamartine, qui l'avait vu au moment de son départ pour Naples, a ainsi raconté cet entretien suprême [3] : « Je trouvai en « lui, comme toujours, la simplicité dans la vraie grandeur. « J'étais fier d'entendre dans la confidence du coin du feu cette « âme qui venait de remplir la tribune et l'Europe entière de sa « voix. Il était brisé par la lutte... Il partit et ne revint plus. « Victime de l'éloquence, ses accents lui survivront... Il brûlait « parce qu'il était brûlé : son feu était sans mélange d'éléments « humains... Il mourut à l'œuvre. L'œuvre a péri avec l'ou-« vrier. »

Et il ne désespérait pas encore. C'était en mars 1824 que M. de

---

1. *Histoire du gouvernement parlementaire*, t. VII, p. 525, note.
2. *Discours.....*, p. 14.
3. *Cours familier de littérature*, Xe Entretien, p. 282-85 ; 1856.

Villèle lui avait impitoyablement fermé l'accès de la tribune. Le 6 mai de la même année, — l'élection de M. de Marchangy par le collège d'Altkirch ayant été annulée parce que l'élu ne payait pas la somme d'impôts exigée par la loi pour conférer l'éligibilité, — de Serre écrivait de Naples à Châteaubriand, alors ministre des affaires étrangères : « L'occasion serait belle si on voulait revenir « envers moi sur ce que je me crois fondé à appeler un tort. J'ai « plus de chances que personne dans le Haut-Rhin où j'ai tou- « jours été nommé..... J'ai le sentiment intérieur qu'à une épo- « que où doivent se développer nos institutions et les mœurs « généreuses qu'elles appellent et nécessitent, je puis, sous ce « double rapport, ne pas être inutile à mon pays. J'ai enfin « l'orgueil, si c'en est un, de croire qu'on trouve, dans le peu « que j'ai pu faire au milieu de tant de difficultés, les monu- « ments qui en font foi. Dans cette conviction, je ne veux « pas, si je suis écarté, neutralisé, avoir à me le reprocher à moi- « même ».

Ce furent les derniers accents de cette grande voix. Un mois après, jour pour jour, le 6 juin 1824, Châteaubriand était destitué; et, le 21 juillet, l'incomparable orateur, à qui la Restauration avait fermé la bouche, mourait à Castellamare, à quarante-huit ans, — non d'une maladie de poitrine, mais d'une affection du foie, — sans avoir revu sa patrie, où son corps n'a même pas été ramené. Il repose dans les caveaux de l'église Saint-Ferdinand de Naples. « De ce rivage, son dernier regard s'était tourné « vers cette France chérie, vers cette tribune qui se voila de « deuil[1]. »

« Sa perte me consterne et me désespère, — écrivait alors le « jurisconsulte Mangin, son ancien confrère au barreau de Metz;

1. M. Fabvier, *Discours.....*, p. 14.

« — l'homme le plus honorable de France a péri loin de sa « patrie, repoussé par des lâches et des ingrats [1]. »

Il n'emporta du pouvoir que ce qu'il y avait apporté, une aisance très modeste ; il ne voulut pas même y recueillir ce qui aurait réparé les pertes que l'invasion lui avait fait éprouver. Lorsque l'armée française avait évacué Hambourg, les Russes y avaient envahi et pillé son hôtel ; il pouvait donc, comme tous les Français, réclamer sa part de l'indemnité que les Chambres avaient votée pour effacer les dernières traces du passage de l'ennemi sur le territoire de la France. Mais de Serre était alors au pouvoir ; il s'y refusa et répondit noblement à ceux qui l'y invitaient « qu'un ministre ne pouvait pas s'indemniser lui-même ; « que les autres citoyens n'auraient jamais assez, et qu'on trou- « verait que lui aurait toujours trop ».

Sa maison natale avait été vendue en 1801, mais le village où nous sommes resta toujours cher au cœur de l'homme sensible et bon que toutes les pages de sa *Correspondance* nous révèlent. En juillet 1814, il pleure comme un enfant cette « pauvre Gil- « bert, sa nourrice » ; il prodigue les consolations à sa famille ; et, plus tard, en juillet 1818, lorsqu'il est dans les grandeurs, il revient à Pagny tout exprès pour revoir ceux qu'il y avait connus et aimés, tout particulièrement les enfants de sa nourrice. « Je « les embrassai tous, — écrit-il à sa mère [2], — et, pensif, atten- « dri, les yeux humides, ma voiture m'enleva sur cette route de « Moulon, où nous avons fait tant de promenades, à droite du « fameux clos. Je franchis ce fossé où j'arrêtai mon cheval en « vous rencontrant au retour de la première émigration. J'avais

1. Lettre de M. Mangin, alors procureur général à Poitiers, à Mme de Serre ; écrite de Poitiers le 10 octobre 1824 (V. *Corresp. du Comte de Serre*, t. VI, p. 122).

2. *Corr.*, t. II, p. 316.

« revu le cimetière où reposent mes grands-parents, la maison « où je suis né, ce jardin où j'ai passé[1] six mois de félicité « comme le ciel avare en accorde peu; tout cela maintenant « divisé, dégradé, passé en des mains étrangères. Je pensais à « tout ce que là vous avez senti, souffert, mérité, et j'arrivai « ainsi, sans mot dire, à Pont-à-Mousson. »

J'ai tenu, messieurs, à citer ce passage pour vous faire comprendre pourquoi il m'a semblé convenable de choisir le lieu natal pour ériger à de Serre le premier monument qui, sur la terre de France, rappelle sa mémoire. « Vous savez, — écrivait- « il à sa mère le 6 février 1814, — comme j'ai toujours aimé « mon pays. »

Nulle vie, dans nos annales parlementaires, ne s'est révélée plus belle et plus pure, plus grande et plus désintéressée. Dans sa carrière publique, non moins que dans son intimité, il apparait que ce merveilleux orateur fut avant tout un homme de bien. Émigré par obéissance filiale, professeur à Reutlingen, avocat à Metz, magistrat, député, ministre, ambassadeur, le devoir se montre comme la règle constante et unique de tous ses actes. Rien ne lui a coûté pour le suivre; dès qu'il a cru le distinguer quelque part, il a couru à lui; il lui a voué toutes ses forces, sans regarder jamais si, dans l'œuvre que lui dictait sa conscience, il risquait de laisser sa popularité, ses intérêts, sa santé et jusqu'à sa vie.....

Sa noble image restera à jamais parmi nous, messieurs, comme la personnification vivante de deux des plus grandes choses qu'aient aimées et admirées les hommes : l'éloquence et la liberté.

---

1. En 1797.

DISCOURS

DE

M. DES AULNOIS

MAIRE DE PAGNY

Messieurs,

Je viens au nom de cette Commune vous dire que nous acceptons avec la plus vive reconnaissance le buste de M. le comte de Serre, véritable objet d'art, que vous nous remettez aujourd'hui[1].

Dès que nous avons appris le projet, que des admirateurs des gloires lorraines avaient conçu, d'élever un monument à la mémoire de cet homme illustre, nous avons été heureux de nous associer à cette généreuse pensée, en apportant notre faible concours à l'hommage rendu à l'homme éminent, à l'*enfant de Pagny*, qui a honoré la tribune française, après avoir été un avocat distingué et un grand magistrat.

Je n'ai pas l'intention, messieurs, de venir ici faire l'éloge de M. le comte de Serre, laissant à des voix plus autorisées que la mienne, le soin de rendre hommage à cette illustration.

Permettez-moi seulement, messieurs, de vous rappeler l'affection que ce grand patriote avait pour son lieu natal, et le bonheur qu'il éprouvait quand il pouvait y revenir et lui être utile.

---

1. Voir la *Pièce justificative* nº VIII.

La dernière fois que M. le comte de Serre vint à Pagny, il descendit chez un homme qui, lui aussi, a laissé parmi nous les meilleurs souvenirs, chez un maire dont le dévouement a été pendant 30 ans au-dessus de tous éloges, j'ai nommé M. Nivoy. Son premier soin, en arrivant, fut de mettre sa haute influence à la disposition de cet honorable magistrat. A cette époque, messieurs, les communes de Norroy, Vandières, Villers, Preny et Pagny faisaient partie du canton de Thiaucourt. L'éloignement du chef-lieu de canton, les voies de communication peu ou pas entretenues, tout enfin, rendait difficile et onéreux aux habitants de ces communes l'accès de leur chef-lieu de canton. Plusieurs fois, ces localités avaient adressé des pétitions à l'effet d'être réunies au canton de Pont-à-Mousson, et toujours ces pétitions étaient rejetées, ou, permettez-moi l'expression, jetées au panier. C'est alors que le regretté M. Nivoy en parla à M. de Serre qui promit que satisfaction serait donnée aux pétitionnaires, et la même année, messieurs, grâce à l'intervention de M. de Serre, les villages que j'ai cités étaient réunis au canton de Pont-à-Mousson.

Comme une voix éloquente, messieurs, vient de vous le dire, si le souvenir de cet illustre homme d'État était quelque peu effacé de l'esprit des habitants de cette commune, ce buste le fera revivre à jamais, et cette génération, comme les générations futures, seront fières, en montrant ce buste, de dire : C'est un enfant de Pagny !

Au nom de mes administrés, je prie MM. les souscripteurs et surtout l'éminent avocat, promoteur de la souscription, M. Louis Lallement, de recevoir l'expression de notre plus vive et sincère gratitude.

DISCOURS

DE

M. ALFRED MÉZIÈRES

DÉPUTÉ DE MEURTHE-ET-MOSELLE,

DIRECTEUR DE L'ACADÉMIE FRANÇAISE.

MESSIEURS,

Il m'a été doux de répondre à votre appel; je vous remercie d'avoir bien voulu penser à moi, et je vous demande la permission de prendre la parole au nom de la députation tout entière de Meurthe-et-Moselle.

Comment les députés lorrains seraient-ils indifférents à une cérémonie dans laquelle vous faites revivre la physionomie d'un homme qui a été à la fois la gloire de la Lorraine et la gloire du Parlement français? Aucune mémoire ne mérite plus d'être honorée dans nos Assemblées que celle du comte de Serre. Il est un des premiers qui nous aient appris les conditions d'un gouvernement libre, qui aient essayé d'acclimater parmi nous les mœurs de la liberté.

C'est un spectacle bien fait pour émouvoir que celui de cet ancien émigré qui a connu les deux formes les plus despotiques du gouvernement, la Terreur et l'Empire, et que ces deux expériences, toutes deux tragiques, ont convaincu de la nécessité de ne chercher le bonheur de ce pays que dans un gouvernement de libre discussion. Les passions des compagnons de sa jeunesse, les préventions qu'ils rapportaient de l'exil contre la société renouvelée par la Révolution le remplissaient d'inquiétude. Il acceptait, pour sa part, non seulement avec résignation, mais avec une confiance intrépide, la France nouvelle telle qu'elle était sortie du mouvement de 1789.

C'était une pensée d'apaisement qui lui inspirait dans la Chambre de 1815 ses premières paroles. Il soutint qu'une amnistie incomplète, dont seraient exclues des catégories de citoyens, raviverait les haines du passé ! Allait-on recommencer la Terreur et promulguer encore une fois une loi des suspects ? En toute circonstance, il combattit l'argument spécieux des partis vainqueurs, qui croient justifier leurs violences en invoquant les violences dont ils ont été les victimes.

A ses yeux, l'honneur du gouvernement parlementaire était avant tout de se défendre par d'autres moyens que les gouvernements absolus.

Lorsque des esprits passionnés demandent le rétablissement de la confiscation pour exercer des représailles contre les ennemis de la royauté, M. de Serre répond qu'il y a des exemples qu'on ne doit point imiter. Parle-t-on de la restitution des biens du clergé, il rappelle que le Concordat et la Charte ne permettent pas d'inquiéter les acquéreurs de ces biens, dont les droits avaient été publiquement reconnus.

Tel était M. de Serre à ses débuts, tel il demeura lorsque l'autorité croissante de sa parole l'eut porté au ministère de la justice. Les générations actuelles, qui jouissent d'une liberté presque sans limites, seraient bien oublieuses si elles ne gardaient un souvenir de reconnaissance pour les hommes qui ont préparé dans les temps difficiles, au milieu de beaucoup de résistances, le triomphe des idées libérales. L'honneur de M. de Serre fut d'appliquer, en arrivant au pouvoir, les principes qu'il avait défendus comme simple député et d'attacher son nom à une loi sur la presse qui remplaçait par de sérieuses garanties l'arbitraire de la censure.

Dans la mémorable discussion de cette loi, où il fut toujours sur la brèche, le ministre ne cessait de ramener les esprits à la notion véritable du gouvernement représentatif, à la nécessité pour les pouvoirs publics de subir le double contrôle des Chambres et de l'opinion. Sous ses fortes paroles, on sentait l'émotion d'un citoyen convaincu que les destinées de sa patrie sont en jeu. Il faut choisir entre deux manières de gouverner : ou l'on retournera au silence de l'Empire, aux années pendant lesquelles un seul homme disposait sans contrepoids de la fortune et du sang de la France, ou l'on appellera la nation à l'examen de ses affaires, à la libre discussion de ses intérêts. Toute l'argumentation du garde des sceaux a pour objet de faire aimer le gouvernement au peuple, en associant celui-ci à la connaissance et au contrôle de la politique. « Il n'y a point de liberté pour une nation, disait-il « énergiquement, si elle n'intervient d'une manière quelconque « dans son gouvernement. »

Nulle défiance envers les citoyens. C'est à eux, c'est au jury que, par une innovation heureuse et hardie, il remet le soin de juger les délits de presse. Nulle défiance non plus envers les Assemblées. Il témoigne une confiance absolue dans les discussions contradictoires de cette élite des citoyens choisie par la nation. Un jour même, emporté par l'élan d'une improvisation véhémente, aiguillonné par la contradiction, il alla jusqu'à défendre la majorité de la Convention. Il ne lui reprochait que de n'avoir pas été libre, d'avoir délibéré et voté sous les poignards. Tant était grande sa foi dans la vertu des institutions parlementaires librement pratiquées.

Temps heureux où notre illustre concitoyen recueillait partout les témoignages de l'admiration publique, où la jeunesse des écoles assiégeait, pour l'applaudir, les abords de la Chambre, où il assistait aux progrès de la puissance nouvelle qu'il venait de fonder, au développement plein d'éclat de la presse française !

Voilà les joies et les récompenses de la vie politique. Mais même pour les plus grands, surtout pour les plus grands, elle a aussi ses amertumes. M. de Serre les connut lorsque sa conscience l'obligea à se séparer du centre gauche, à entrer en lutte avec ses meilleurs amis, avec le duc Victor de Broglie, avec MM. Royer-Collard, Guizot, de Barante. La fille de Mme de Staël a raconté dans une page émue l'histoire de ce grand déchirement. C'est le commencement du divorce qui a si souvent divisé dans notre histoire parlementaire le centre droit et le centre gauche. On peut juger de l'influence qu'exerçait personnellement M. de Serre, de l'autorité de son éloquence, par l'anxiété avec laquelle les deux partis attendaient qu'il se prononçât entre eux. Il semblait que la victoire dépendît de son choix. Tout le monde sentait que, du côté où il se fixerait, il emportait avec lui le génie même de la parole.

Qu'était-ce donc que cette éloquence qui produisait une si profonde impression sur les contemporains ? Comment en ressaisir l'image dans le texte affaibli et décoloré des comptes rendus officiels ? Comme le disait tout à l'heure avec tant de justesse M. Louis Lallement, lorsque nous lisons les discours d'un orateur au lieu de les entendre, nous perdons la meilleure partie de lui-même, l'attitude, le geste, la voix, l'accent, le regard, tous ces éléments de l'action oratoire qui entraînent ou qui séduisent les assemblées. A défaut du portrait physique de M. de Serre parlant, nous pouvons recomposer son portrait moral. Peut-être y trouverons-nous, après tout, les causes principales de l'ascendant qu'il exerçait.

Il imposait tout d'abord le respect. On connaissait ses commencements laborieux, la dignité de sa vie, le mérite supérieur dont il avait fait preuve dans les plus hautes fonctions de la magistrature, à l'étranger et en France. Au respect succédait bientôt la confiance. Un honnête homme qui ne s'inspire que de sa conscience trouve naturellement les accents qui vont au cœur. On peut lui refuser son adhésion, mais on sent qu'il ne nous trompe pas et, au moment où on se rencontre avec lui dans une opinion commune, le plaisir qu'on éprouve est doublé par la certitude de sa sincérité. Il ne semble pas que jamais un des auditeurs de M. de Serre ait douté de sa bonne foi.

On le louait tout à l'heure avec raison de la simplicité de son langage; c'est qu'il laissait voir sa pensée dans toute sa transparence. Il connaissait l'habileté, il ne connaissait pas l'artifice. Il lui arrivait même quelquefois de ne pouvoir dissimuler ceux de ses arguments qui étaient faits pour déplaire, tant il avait besoin d'être sincère avec lui-même. La loyauté était écrite sur son visage, empreinte dans tout ce qu'il disait, parce qu'elle était le fond même de sa nature. Il lui eût été impossible, même pour satisfaire ses plus hautes ambitions, de dire autre chose que ce qu'il pensait. Il aimait franchement le pouvoir et les honneurs, mais à condition de ne les acheter par aucune capitulation de conscience. Chacun le savait autour de lui, et c'est là sans doute ce qui donnait tant de poids à ses paroles.

Dans les débats parlementaires, il possédait un autre avantage. Il était toujours fortement préparé. Il faisait porter tout l'effort de la préparation non sur la forme, que l'inspiration du moment lui faisait presque toujours heureusement rencontrer, mais sur le fond même des choses. La tendance philosophique de son esprit, entretenue peut-être par un long commerce avec l'Allemagne et par la connaissance de la langue allemande, le disposait à creuser les questions, à les examiner sous tous leurs aspects, avant de les porter à la tribune. Cette habitude de la méditation ne l'empêchait pas d'être en même temps très résolu, toujours prêt à prendre la parole dès qu'il le jugeait nécessaire. Il joignait ainsi au mérite de réfléchir beaucoup avant de parler celui de pouvoir improviser hardiment aussitôt qu'un incident de séance provoquait son intervention.

M. Thiers disait : « Je suis né pour agir. » M. de Serre, tout jeune, écrivait à sa mère : « Quand il dépend de moi d'agir, mon « parti est bientôt pris. » Tous deux se rendaient compte que l'éloquence est un des plus puissants moyens d'action qui aient été donnés à l'homme. Lorsqu'ils montaient à la tribune, ils obéissaient au mystérieux instinct de leur tempérament, au besoin d'activité qui aiguillonnait leur esprit.

Chez M. de Serre, les qualités de l'orateur étaient encore relevées par la fermeté de l'âme. Le cardinal de Retz, dans ses *Mémoires,* compare le courage de Mathieu Molé à celui du grand Condé. L'ancien premier président de la cour de Hambourg était de la même trempe que son illustre ancêtre dans la magistrature, le premier président du Parlement de Paris. Il tenait tête aux orages de la tribune comme au fond de l'Allemagne il avait tenu tête, pour des raisons de justice et d'humanité, à l'un des hommes les plus grands et les plus énergiques de ce siècle, au redoutable maréchal Davout. Ni les murmures, ni les interruptions, ni les attaques passionnées de ses adversaires ne réussirent à l'intimider une seule fois. Aucune considération humaine ne l'eût empêché de dire la vérité à qui que ce fût, à l'heure et dans les termes où il croyait devoir la dire.

Il était fort de sa conscience, fort de la pureté de sa foi religieuse, fort aussi d'un autre sentiment qui faisait par moments passer dans ses paroles un souffle et une émotion extraordinaires; il aimait passionnément sa patrie. Il l'avait vue grande et glorieuse, dominant l'Europe du prestige de ses armes et du prestige de ses idées; il la retrouvait occupée par l'étranger. Il avait la conviction profonde que ceux qui l'aimaient ne devaient lui tenir qu'un langage viril, lui proposer que des résolutions fortes. Son âme était à la hauteur de ce grand devoir; il put se tromper quelquefois en l'accomplissant, il ne se trompa jamais que par les motifs les plus honorables.

Si ce portrait est fidèle, messieurs, ne pensez-vous pas que nous serions incomplet en nous contentant de dire simplement que M. de Serre était un grand orateur? Ajoutons aussitôt, pour lui rendre la justice à laquelle il a droit, pour que ce monument élevé en son honneur reçoive ici toute sa signification, qu'il a été un grand caractère, c'est-à-dire ce qu'il y a de plus rare et de plus digne de respect parmi les hommes.

DISCOURS

DE

M. SALMON

ANCIEN SÉNATEUR, CONSEILLER HONORAIRE A LA COUR DE CASSATION,
ANCIEN AVOCAT GÉNÉRAL A METZ.

Messieurs,

La génération de magistrats et d'avocats qui a été témoin des luttes et des succès de M. de Serre à la barre ou au parquet de la Cour de Metz a disparu de ce monde : les représentants de celles qui ont reçu ses impressions et ont entendu ses récits, sont rares maintenant. Vous permettrez donc à un de leurs survivants de vous rendre quelque chose de ce qu'il en a appris dans sa jeunesse. C'est le siècle à sa fin qui apporte à celui qui va commencer la tradition pour la garder et la perpétuer. Il espère, il compte même que plus sa voix sera faible, plus vous mettrez d'indulgente attention à l'écouter.

L'initiative des honneurs que nous rendons aujourd'hui à la mémoire du comte de Serre devait venir du barreau des Cours réunies de Metz et de Nancy; elle devait être prise par un orateur et un homme de lettres qui s'était acquis de bonne heure, par la parole et par la plume, une notoriété si légitime dans les deux barreaux voisins. Le panégyriste de Portalis avait, d'ailleurs, bien des titres pour devenir celui du comte de Serre. Le pays lui saura donc gré de l'œuvre qu'il a provoquée, et chacun peut être ici l'organe de tous pour le remercier de l'avoir si heureusement conduite à sa fin.

Il y a soixante-deux ans que le comte de Serre s'est éteint, loin de sa patrie, sur la terre étrangère, au milieu d'un silence dont il faut plaindre ses contemporains. Si, comme il le disait lui-même à la tribune de la Chambre des députés, dans ce langage sobre et hardi qu'il avait l'habitude de parler, « la Révolution renfermait « plusieurs siècles en elle, et si le sage roi Louis XVIII, en don- « nant la Charte à la France, en avait reculé dans le temps tous les « événements », nous devons nous sentir à l'aise ici aujourd'hui, et ayant derrière nous plus que l'espace de temps que l'historien romain réclame pour écrire librement l'histoire, nous pouvons nous permettre d'en rappeler une page devant vous.

A le bien prendre, M. de Serre est pour nous un ancien et un classique; il l'est par l'élévation du caractère, l'austère vertu et la fermeté pure du talent. Nous n'en saurions douter, M. le Directeur de l'Académie française vient de lui en décerner le titre avec éclat. Heureux de saluer en M. Mézières un compatriote, nous applaudissons de tout cœur à un jugement qu'il a prononcé de si haut. Il ouvre ainsi le sanctuaire des lettres à ces vigoureuses improvisations que le génie de l'orateur a marquées du sceau d'une originalité si puissante, en même temps que le citoyen dévoué et le ministre fidèle communiquaient un accent si sincère et si fier aux inspirations généreuses du patriotisme et de la liberté.

Quand les maitres de la jeunesse voudront lui offrir des modèles pour bien faire et pour bien dire, après avoir parcouru la Grèce, Rome, l'Angleterre et même les deux mondes pour les trouver, sur la foi d'une aussi grave autorité, ils pourront revenir en chercher plus près de nous, dans la vie et dans les œuvres de notre illustre compatriote ; je leur promets pleine moisson.

Pierre-François-Hercule de Serre est né dans cette maison, au sein d'une famille vouée depuis plusieurs siècles, soit à la magistrature, soit à l'administration. Son père, changeant cette vocation héréditaire, avait préféré l'épée à la robe et était devenu officier de cavalerie. Il fit de cette carrière nouvelle la destinée de son fils ainé Hercule, et le plaça, à Metz, dans un pensionnat en renom de la ville pour y faire ses classes et se préparer ainsi à l'école militaire de Pont-à-Mousson : les progrès de l'enfant furent si rapides qu'à quatorze ans il avait terminé ses études. Il les avait embrassées toutes avec une égale ardeur, les sciences comme les lettres, les mathématiques comme l'histoire et la philosophie ; mais les lettres avaient, avant tout, sa prédilection ; il leur avait donné des heures de travail pendant le cours de l'année scolaire ; il leur réservait encore ses loisirs pendant les vacances. Il apportait avec lui ses livres à Pagny ; le site charmant de Tusculum y était le but de ses promenades. Il n'y rêvait pas de Paul-Émile ou de Scipion, ni de licteurs et de faisceaux, mais des *Catilinaires* et des *Offices*, et prenait plaisir à y réciter, à haute voix, les discours de Cicéron.

Malgré ces indices précoces de la vocation, l'école royale militaire s'était ouverte pour l'adolescent en 1789 ; et à peine y avait-il conquis, au concours de 1790, le grade d'aspirant au corps royal de l'artillerie, que la Révolution éclatait. Son père décida qu'il émigrerait ; le jeune homme obéit et prit, le cœur gros, le chemin de la frontière.

Cet exil, volontaire d'abord et ensuite obligé, dura dix ans ; enfin les portes de la patrie se rouvrirent pour l'émigré, il y rentra et il y eut sa place au soleil. Libre et en possession de lui-même, pour s'en faire une par son travail, il n'avait qu'à écouter cette voix intérieure de la vocation qui s'était fait entendre à lui de si bonne heure. Il y répondit sans hésiter, car, même en exil, il n'y était jamais resté sourd. Il lui obéissait par cette étude solitaire à laquelle il s'était livré dans les camps et sur les grandes routes, parcourant l'Allemagne, néanmoins, dans ses livres plutôt que dans ses universités. A ses années les plus dures, il n'avait pas passé une journée sans lire, en se levant, quelques pages des auteurs latins. Nos classiques français, qu'il se procurait comme il pouvait, lui étaient familiers ; il avait fait, dès sa première jeunesse, connaissance avec Montesquieu, et, pour toute la vie, l'*Esprit des lois* était devenu son bréviaire. Il avait, à sa lumière, lu et médité l'histoire, et elle lui avait appris la politique. Il avait hanté les écrivains de Port-Royal et s'était, dans tous les temps, nourri de Bossuet et de l'Écriture sainte. C'était un esprit si puissant et si fécond, qu'il trouvait en lui-même, par la réflexion, ce qu'il n'aurait pas rencontré dans les livres pour achever son éducation.

L'étude de la langue allemande était devenue, pour lui, une nécessité pendant le cours de l'émigration ; il l'avait mise à profit pour s'initier à sa littérature, et suivre le mouvement de rénovation philosophique et historique qui entrainait, au delà du Rhin, les générations vivantes, par l'élan que leur communiquaient les universités. Son esprit, sans en accepter la domination, s'était nourri de quelques-uns des fruits de leur enseignement, et, sans y perdre sa clarté, s'était plié à ses formules ; quelquefois même, plus tard, il les a apportées à la tribune.

Pour lui, encore à moitié proscrit et resté légalement suspect, le théâtre de l'éloquence, c'était le prétoire des tribunaux ; c'était là qu'il trouverait le libre et utile emploi de ses facultés dans l'exercice d'une profession honorable, et qu'il pourrait venir en aide à sa famille éprouvée par la Révolution. Il alla donc s'établir à Metz avec elle, et se mit à étudier le droit dans les livres et à l'école centrale du département; il le fit avec l'ardeur qu'il apportait à tout; de grand matin, sa lampe était allumée et donnait le signal du travail aux ouvriers du quartier. Attaché au cabinet d'un juge au tribunal d'appel, M. Colchen, il se forma rapidement à la pratique sous sa direction; mais pour des hommes pareils il n'y a ni apprentissage ni noviciat. Il débuta modestement, et bientôt le public lui assigna au barreau la place d'un maître.

La carrière lui était donc ouverte; il y était entré résolument, il la parcourut avec éclat; la clientèle lui vint de tous les côtés et le conduisit partout. Aux dons de l'esprit il joignait les agréments de la personne, et, dans le commerce habituel de la vie, il plaisait sans le rechercher, et gagnait les cœurs en y mettant le sien. Il plaidait à Trèves et y enlevait tous les suffrages. Il plaide à Paris; le bruit en parvient aux oreilles du grand-juge; le ministre de la justice, qui est presque son compatriote, veut le voir; en une audience le jeune avocat en fait la conquête. Quelques mois après, il devient premier avocat général à la Cour de Metz, et quatre mois plus tard, premier président de la Cour de Hambourg.

Le choix du personnel des magistrats du corps puissant qui allait rendre la justice dans ces contrées lointaines, que l'Empereur venait de réunir à la France, devint l'objet de toutes les préoccupations de M. de Serre. Son titre et l'autorité qui vient du caractère devaient lui faire prendre une grande part dans l'accomplissement d'une œuvre aussi difficile. Tous les sièges à peu près furent réservés à des nationaux: grâce au tact, au discernement du premier président, les choix obtinrent l'assentiment du public et répondirent aux vues du gouvernement français.

L'installation de sa compagnie fut, pour lui, l'occasion d'un succès; le discours qu'il y prononça en langue allemande, et en l'improvisant, lui valut la confiance de ses collègues, et donna des espérances à ces peuples chez lesquels la France venait établir sa domination. On se mit au travail et, sous la vive impulsion que ce chef, nouveau venu dans le pays, communiquait à tous les services, la Cour et les tribunaux de son ressort distribuèrent aux populations, sans les faire trop attendre, une justice dont elles parurent satisfaites.

M. de Serre ne resta que trois ans à Hambourg ; le siège qu'il y occupait fut emporté par nos désastres avec la grande institution que nos conquêtes y avaient créée ; mais son intégrité et sa droiture y restèrent en honneur. Grâce à leurs éminentes qualités, l'homme et le magistrat y laissèrent une réputation qui dure encore et dont l'histoire a recueilli les témoignages.

La Restauration venait de succéder à l'Empire. Louis XVIII ne devait pas repousser l'émigré qui avait souffert dix ans d'exil pour sa cause, et n'avait fait ensuite que se mettre au service de la France; sans s'en douter, en appelant M. de Serre à la première présidence de la Cour de Colmar, après avoir donné la Charte à la France, il avait, d'avance, assuré à la constitution dont il venait de doter ses peuples, l'appui de l'un des hommes les plus capables de la comprendre et les plus propres à la défendre et à la mettre sincèrement en pratique. Il l'avait désigné pour présider le collège électoral du Haut-Rhin, et ce collège l'élut député, le 23 août 1815.

M. de Serre n'eut pas plutôt mis le pied dans la Chambre des députés qu'il s'y fit une position considérable. Sa carrière politique ne dura que six années, mais qu'elle fut glorieusement remplie ! Elle s'ouvrit au moment où la liberté, qui avait éclairé les jours mémorables de 89, faisait enfin, après la longue éclipse de l'Empire, son apparition en France, avec la monarchie constitutionnelle. Au sein de cette Chambre où siégeaient en majorité des députés qu'animaient, au plus haut degré, l'esprit de parti et l'ardeur des représailles envers ceux qu'ils appelaient les fauteurs et les complices du retour de l'Empereur, M. de Serre rencontra un certain nombre d'hommes, presque tous vétérans de nos anciennes assemblées politiques, que recommandaient également de hautes et rares qualités, l'intelligence des temps et de leurs besoins, la notoriété qui les avait désignés au choix des électeurs et la confiance non dissimulée du souverain. C'étaient M. Royer-Collard, M. le baron Pasquier, M. Camille Jordan, M. le baron de Barente, M. Decazes et M. Beugnot. On serait tenté d'ajouter M. le duc Victor de Broglie et M. Guizot, qui, de la Chambre des Pairs, dont le premier faisait partie, et du Conseil d'État, où le second allait entrer, se préparaient à seconder leur action par leurs conseils. Il s'entendit bientôt et se lia étroitement avec eux. Déterminés à combattre les passions, à s'opposer aux violences et à lutter pour faire prévaloir la raison et le droit, s'ils ne constituèrent pas un parti, ils formèrent une réunion, et elle devint l'âme de la portion sage de l'Assemblée, soit qu'il fallût agir, soit qu'il fallût résister. M. Royer-Collard, M. Pasquier et M. de Serre étaient leurs chefs.

A leurs yeux, le roi, en remontant une dernière fois par la Charte au principe de la monarchie traditionnelle, l'avait transformée pour l'accommoder aux besoins de la société nouvelle ; il restait l'expression de la souveraineté, mais, désormais, le pacte fondamental la faisait définitivement résider dans les trois pouvoirs chargés de faire la loi. Le roi avait pris pour son compte tout ce qu'il y avait de sage dans les constitutions antérieures. Pour eux toutes les libertés et toutes les garanties étaient dans la Charte. C'est ce qui faisait dire à M. Royer-Collard qu'il ne voulait de la contre-révolution que le roi, et de la révolution que la Charte. M. de Serre ne désavouait pas ce langage. Le général Foy rendait plus tard la même idée, lorsque, employant une forme plus hardie, il disait : « Celui qui veut plus que la Charte, « moins que la Charte, autre chose que la Charte, celui-là manque « à ses serments ! »

L'accord allait plus loin encore entre M. Royer-Collard et M. de Serre. Ils reconnaissaient tous deux que la société sortie de la Révolution était une démocratie et que c'était par elle-même qu'il fallait la gouverner. C'était dans les classes moyennes que M. Royer-Collard plaçait les forces vives du gouvernement qu'on pouvait lui appliquer, parce que c'était dans ces classes qu'il plaçait l'électorat. M. de Serre allait le puiser à la même source; mais, dans sa pensée, il fallait l'organiser de façon à donner à tous les intérêts, à la propriété, au commerce, à l'industrie et aux campagnes, comme aux villes, une représentation propre pour leur garantir une réelle protection. Il espérait même que de l'exercice répété du droit ou de la fonction, naitrait un esprit public et qu'il créerait à la France des mœurs politiques. C'était sur ce bienfait du temps qu'il comptait pour assurer la durée de la monarchie.

Une fois entré dans la vie politique, M. de Serre ne s'y ménagea pas et donna, du premier jour, avec l'ardeur, la résolution et en même temps la mesure qui étaient dans son caractère et dans son tempérament. Cet émigré qui avait passé dix ans en exil, n'en avait point rapporté de rancunes, mais l'horreur du despotisme et du désordre, et le sincère amour de la justice et de la liberté. Il entendait bien suivre leurs inspirations, en servant avec un égal dévouement le roi, la monarchie et sa patrie.

Il prit donc, surtout à la tribune, une part fort active aux travaux de la Chambre.

Il parla sur la loi d'amnistie pour combattre le système des catégories, comme contraire au texte de la Charte qui avait amnistié toutes les opinions en en prescrivant l'oubli ; et le rétablissement déguisé, sous le masque hypocrite de l'indemnité, de la confiscation formellement abolie par la constitution. C'est dans cette discussion que se révélèrent la mâle vigueur et la hauteur morale de son éloquence.

Permettez-moi de lui donner une seule fois la parole pour vous le faire connaitre par lui-même.

« Messieurs, disait-il à la Chambre, que notre trésor soit pau-
« vre, mais qu'il soit pur. C'est en entretenant au sein de la nation
« les sentiments nobles et généreux que vous l'enrichirez d'une
« manière digne de vous : méprisez de misérables dépouilles ;
« conservez à nos lois fondamentales le caractère de noblesse et
« de pureté dont elles sont revêtues. »

Le rejet, prononcé pour toujours de la confiscation, fut la récompense de l'orateur.

M. de Serre ne mit pas moins de chaleur et d'énergie à défendre les droits des créanciers de l'arriéré, qu'un amendement au budget proposait de payer en fonds de cinq pour cent au pair, alors qu'il n'était coté qu'à soixante francs à la Bourse. Indigné d'un manque de foi pareil, il rappelle l'exemple des nations voisines qui se sont honorées et ont assuré leur crédit en acquittant religieusement les dettes qu'elles avaient loyalement contractées. L'amendement fut rejeté, et le crédit de la France reposa désormais sur la base solide du respect de ses engagements.

Mais la scène allait changer pour tous et plus particulièrement pour M. de Serre. L'ordonnance du 5 février 1817 avait dissous la Chambre, et dans celle qui lui succédait M. Royer-Collard et M. de Serre étaient les chefs d'une majorité bien assise. Le rôle que celui-ci avait joué dans l'ancienne lui en préparait un plus considérable dans la nouvelle. L'un des plus jeunes membres de la Chambre des députés, il s'y était fait remarquer entre tous par l'élévation de son esprit, la sagesse de ses vues, la droiture et la fermeté de son caractère, la vigueur et l'éclat de son talent. Aussi la Chambre plaça le secrétaire d'âge en tête de sa liste de candidature à la présidence; le roi donna, pour des raisons de convenance et de tactique parlementaire, la préférence à M. Pasquier; mais quelques mois plus tard, celui-ci étant devenu ministre, la Chambre rendit à son ancien candidat sa place sur sa liste, et le roi le désigna enfin pour la présidence.

Pendant deux sessions, il remplit l'idée que les plus difficiles pouvaient se faire de cette haute mission. On loua surtout « l'aplomb et l'impartialité avec lesquels il l'accomplissait[1] ».

Lorsque le ministère présidé par le duc de Richelieu se retira, la position que M. de Serre occupait dans la Chambre l'appela, par la force même des choses, à faire partie de celui qui le remplaça sous la présidence du marquis Dessolle. Ce ministère se composait de six membres seulement, mais tous offrant, chacun dans sa spécialité propre, la garantie d'une haute capacité : un coin du département de la Meurthe en fournit trois : le maréchal Gouvion-Saint-Cyr, le baron Louis et M. de Serre; soyons fiers de leur gloire et reconnaissants des services qu'ils ont rendus au pays.

M. de Serre était vraiment l'orateur de ce ministère; rien des matières d'État ne lui était étranger; il en avait pratiqué beaucoup et les avait toutes étudiées; on ne sait lesquelles il n'a pas traitées à la tribune. Il y a parlé sur les finances en économiste savant et pratique, sur la Légion d'honneur et sur l'armée en homme du métier, et sur les affaires du clergé comme le faisaient autrefois les parlementaires. Ses discours sur les projets financiers du baron Louis, sur le paiement de l'arriéré, sur l'année financière et sur la proposition de M. le marquis de Barthélemy peuvent être comptés parmi les plus beaux qu'il ait prononcés, et

1. M. Étienne, *Lettres sur Paris*.

parmi les plus savants et les plus solides qui aient été portés à la tribune sur les sujets dont ils ont traité. Il y est, comme dans toutes les questions qui touchent à la politique active, à la fois loyal et habile, royaliste et patriote. Suivant les besoins du moment, il invoque tantôt l'autorité du roi, tantôt celle de la Charte, pour peser sur la droite ou sur la gauche, et ramener les volontés rebelles ou dissidentes au Gouvernement.

L'opinion appelait de ses vœux une organisation libérale de la presse; des premiers M. Royer-Collard lui-même l'avait réclamée; pour donner satisfaction à ce besoin, M. de Serre déposa sur le bureau de la Chambre des députés une série de trois projets de loi sur la matière. Préparés par une commission dont M. le duc Victor de Broglie fut le président et le rapporteur, et M. de Rémusat le secrétaire, ces projets de loi étaient, sinon l'œuvre, au moins la pensée de M. de Serre. Ils devinrent dans les deux Chambres l'objet des discussions les plus profondes et les plus belles qu'on ait jamais entendues sur ce grave sujet dans aucun parlement. M. de Serre y prit une part singulièrement active, et il en sortit la législation la mieux entendue, la plus savamment dirigée et la plus parfaite, malgré quelques lacunes, qui ait été édictée sur la presse dans les pays qui en ont consacré la liberté.

M. de Serre traita la question des outrages à la morale publique avec une méthode et une ampleur que ne désavoueraient ni le philosophe le plus sévère, ni l'écrivain le plus consommé; sa parole s'échauffe au point qu'il se met, pour ainsi dire, lui-même directement en scène; quand vers la fin, il veut porter le dernier coup pour enlever l'Assemblée, il lui vient un de ces mouvements qu'ont rencontrés seuls les grands maitres, et, se tournant vers son adversaire [1], pour définir la morale publique par ses effets, en

1. M. Lainé.

la mettant en action, il rappelle, par une vive et soudaine allusion, le rapport du courageux député au Corps législatif et la sensation qu'il a produite dans la nation. Je m'imagine que, lorsque pour juger, on cherche ici des comparaisons, on reconnait qu'au Forum, dans ses jours les meilleurs, Cicéron n'aurait pas trouvé une forme plus heureuse, un plus ferme langage pour mettre dans un relief saisissant un ensemble aussi complet d'idées justes et de nobles sentiments.

Le discours de M. de Serre sur l'arriéré avait fait penser à Démosthène; et quand, dans un autre, il disait « qu'une société bien « ordonnée est le plus beau monument qu'on puisse élever à l'É- « ternel », on croyait entendre Bossuet.

Avec la publication de la loi allait disparaitre la censure. Le ministère, entré résolument dans la Charte par la publication des lois sur la presse, marchait hardiment vers le complet établissement du gouvernement représentatif; mais le renouvellement annuel d'un cinquième de la Chambre des députés commençait à lui causer des appréhensions : à chacune de ces épreuves, la droite perdait quelques-uns de ses membres et la gauche les gagnait; l'équilibre menaçait de se rompre et les amis de la Restauration entrevoyaient, pour elle, un nouveau naufrage.

Un autre ministère se forma sous la présidence du duc de Richelieu avec la pensée de le prévenir, en modifiant la loi des élections. On présenta donc, dans ce but, un projet de loi. M. de Serre, qui continuait à faire partie de ce cabinet, accourut, pour le soutenir, de Nice où il refaisait sa santé épuisée par l'excès de travail. Jamais, dans aucune circonstance, il ne s'est élevé plus haut; jamais il ne s'est montré plus habile et plus résolu. Le discours par lequel il décida du sort du projet de loi est un des plus éloquents qu'il ait prononcés. La victoire lui resta, mais elle lui coûta cher; il s'était séparé de ses plus anciens amis. La rupture n'avait pas éclaté à la tribune entre eux et lui, comme dans le Parlement anglais entre Burke et Fox, mais elle fut aussi profonde; on se quitta sans se le dire, et l'on resta étrangers les uns aux autres.

Cette rupture fut un événement dans la vie de chacun des membres de ce groupe où brillaient des talents d'un ordre si élevé, soutenus par des âmes si nobles et des cœurs si généreux; je ne sais s'ils l'ont regrettée, mais ce que je puis assurer, c'est qu'ils ne s'en sont jamais consolés. M. de Serre ne le cachait pas dans ses entretiens à Naples, ni M. de Broglie dans les siens à Paris. Un jour, M. Royer-Collard rappelait à la tribune une opinion de M. de Serre pour s'en appuyer; il retint son nom sur ses lèvres pour ne pas se troubler en le prononçant.

Les lois de la presse ne devaient pas plus rester au-dessus des atteintes que la loi des élections: M. de Serre déposa un projet de loi pour y remplir quelques lacunes sans toucher au fond. La commission chargée de l'examiner en profita pour y faire un changement qui en dénatura l'esprit; elle proposa de rendre le jugement des délits de la presse aux tribunaux ordinaires; mais, fidèle à ses principes et redevenu simple député après la dissolution du ministère du duc de Richelieu, M. de Serre parla pour combattre cette proposition, et fit ses adieux à la tribune en y défendant l'institution libérale qu'il avait fait introduire dans notre législation criminelle[1].

La loi des élections, dont l'enfantement avait été si laborieux, ne tint pas tout ce que la droite s'en promettait; dès la première épreuve elle lui donna bien une Chambre où elle dominait et qui se personnifiait dans M. de Villèle et M. Ravez; mais à la dernière,

1. M. de Serre était malade; il fit lire son discours à la tribune par son ami, M. Froc de la Boulaye.

elle amena une Chambre où la majorité retourna aux centres et qui eut, pour sa haute expression, M. Royer-Collard et M. de Martignac ; le pouvoir restait donc encore aux classes moyennes, et rien n'autorise à penser que, si la Providence eût conservé M. de Serre à la France, elles et lui ne se seraient pas entendus de nouveau pour la gouverner.

Il voulait, en quittant le ministère, aller reprendre sa place au barreau pour y travailler à la fortune de ses enfants ; le roi Louis XVIII, qu'il avait si loyalement servi et qui lui portait une grande affection, ne le voulut pas ; il lui donna l'ambassade de Naples.

Le vide de ses journées pesa à M. de Serre sous ce climat qui énerve souvent plus qu'il ne soutient les hommes qui sont nés sous le nôtre ; sa santé s'y épuisa rapidement, et il s'y éteignit au bout de quelques années ; le silence se fit bientôt sur sa tombe ; il répondit, hélas ! à l'oubli dans lequel l'ingratitude des contemporains laissa son nom parmi nous.

Du moins, l'histoire plus juste rendra, dans ses annales, témoignage des services que M. de Serre a rendus à son pays ; il vivra aussi dans la postérité par les œuvres qu'il lui a léguées. C'était un noble cœur, un caractère élevé et un puissant esprit. Appelé à diriger les affaires de sa patrie, il ne les a maniées qu'en s'inspirant de la plus haute vertu ; il y a apporté, avec le sentiment exact de son temps, de ses tendances et des besoins de notre société, une volonté forte, une loyauté parfaite et une intégrité qui n'a connu ni les hésitations, ni les faiblesses, ni les transactions. Ministre patriote, il a servi avec un égal dévouement le roi, qui lui avait donné sa confiance, et le pays qui lui avait accordé la sienne.

Voilà l'homme d'État, l'orateur le vaut. M. de Serre a été l'un des plus grands de son temps. Il n'avait pas fait de la parole un art ou un but, mais un moyen et un instrument. Il parle, non pour se faire entendre, mais pour agir. Un grand bonheur pour lui, c'est d'être venu à son heure et d'avoir trouvé le milieu accommodé à son propre caractère et à la nature de son talent.

Son éloquence, c'est lui-même. Il se met tout entier, raison, cœur et âme, dans tous les sujets qu'il traite à la tribune. Il n'est jamais pris au dépourvu, car il a étudié toutes les matières de gouvernement et médité sur tout. Il n'écrit rien, mais il peut sans danger s'abandonner au hasard de l'improvisation et braver l'imprévu. Maitre de lui-même et affranchi des chaines que lui aurait peut-être imposées une préparation arrêtée dans le cabinet, il prend la question comme elle se présente, mais il l'aborde toujours par le bon côté et la traite à fond. Puis il en donne la solution et, pour la faire prévaloir, il a à son service une dialectique vigoureuse, qui ne laisse ni un vide, ni une lacune dans le tissu serré d'une argumentation où chaque raison est à sa place et s'y présente avec toute sa force : sa pensée s'élève, ses vues s'étendent ; son âme s'émeut : mouvements, images, couleur, tout lui vient, chaque mot porte, et le succès de la lutte reste à cette mâle éloquence dont M. de Rémusat, qui avait entendu l'orateur dans ses grandes journées, disait qu'elle n'a jamais été égalée et n'a certainement pas été dépassée.

Le ministre de la justice, dans M. de Serre, ne fut pas inférieur à l'homme d'État et à l'orateur. Le premier président l'a annoncé, et ce qu'il était à la tête de la Cour impériale de Hambourg et de la Cour royale de Colmar, il le fut à la Chancellerie à Paris. Il envisageait de haut la mission qu'il tenait de son titre. Il faisait de la justice une religion et de sa distribution un sacerdoce. Aussi n'ouvrait-il ses sanctuaires qu'aux hommes qui apportaient avec eux, pour desservir ses autels, la pureté de la conscience, la connaissance intime de la loi et la ferme résolution de rendre à chacun son droit. Il a attaché son nom à des choix qui ont été l'honneur de la magistrature, et adressé, il y a plus de soixante ans, aux magistrats des parquets des instructions qui les guident encore, et qui sont marquées au coin d'un respect profond pour la liberté de l'homme et pour les droits de toute nature des justiciables comme de la société.

Rien, quand il s'agissait de la protection des personnes, ne pouvait le faire transiger avec le devoir. Les massacres politiques du Midi étaient restés trop longtemps impunis : il les flétrit de son indignation à la tribune et en prescrivit en même temps la poursuite.

M. de Serre possédait toutes les vertus qui font la vie et le bonheur de la famille. Il était pour son père, vieillard exact et sévère, le fils le plus soumis et le plus respectueux. Entre sa mère et lui c'était un continuel échange de tendresse et d'affection ; chez la mère l'amour n'avait été qu'un long dévouement. Rien ne l'arrêtait lorsqu'il s'agissait de ses enfants. Elle aurait bravé tous les périls pour servir les intérêts de celui de ses fils qui vivait sur la terre étrangère. Quant à lui, il professait pour sa mère un véritable culte, celui de la piété filiale dans toute sa pureté. Dès son plus jeune âge, il avait fait de cette femme excellente la confidente de toutes ses pensées et son conseiller intime. Dans son âge mûr, même lorsqu'il était arrivé au pouvoir, elle était restée pour lui l'une et l'autre. Combien nous trouvons, dans sa correspondance, de témoignages de cette intimité sans réserve ! Avec quel touchant et naturel abandon il raconte, dans une lettre à sa mère, qu'il a pleuré comme un enfant, en apprenant la mort de la femme qui l'a nourri et élevé ! Avec quel souci il s'empresse d'ajouter qu'il a écrit, pour le consoler, un petit mot au mari de la pauvre femme, à ce brave et honnête Gilbert, que la Providence avait placé autrefois en sentinelle pour ouvrir au jeune émigré la porte secrète du manoir de famille !

Tel fut, dans la vie publique et dans la vie privée, l'homme illustre dont la mémoire réclame depuis si longtemps une réparation; mais nous n'avons pas seuls le mérite ni la satisfaction de l'avoir commencée.

Le barreau de la Cour de Metz, dont M. de Serre avait été l'honneur, ne l'oublia point; il décida que sa conférence en consacrerait le souvenir par un éloge, et, sous la présidence de l'honorable M. Alfred de Faultrier, son bâtonnier, l'Ordre des avocats entendit le talent louer l'orateur et l'homme d'État qui avait jeté sur lui un si grand lustre. Plus tard, la Cour de Colmar l'entendit aussi, par un organe qui lui appartenait, glorifier la mémoire du chef illustre qu'elle devait, hélas ! suivre un jour dans l'histoire.

Mais il y a près de cinquante ans qu'ici même, l'éloquence, inspirée par une noble et généreuse admiration, y a mis la main. A quelques pas de nous, dans une maison modeste qui aura aussi, un jour, sa renommée, la maison de Socrate et d'Horace, ouverte à l'amitié, aux lettres et à la philosophie, un homme qui a honoré de toutes les façons un nom qu'une double illustration recommande à la postérité, a écrit sur M. de Serre, pour la Cour de Nancy et pour en faire, sans s'en douter, l'ornement principal d'une de ses solennités, deux pages où il a mis son cœur et sa haute raison. Il retrace d'une main ferme et émue le tableau de sa vie politique; en honorant la mémoire de l'homme d'État qui a personnifié en lui le gouvernement représentatif et l'éloquence de la tribune, il le venge de l'ingratitude des contemporains et le relève avec éclat de l'oubli de la postérité [1].

---

1. C'était déjà, sans doute, dans cette maison qu'il avait, quelques années auparavant, écrit des adieux si touchants, pour les adresser, du sein d'une solennité pareille, à M. Bresson, qu'une haute destinée conduisait des rangs de la Cour de Nancy à la tête du Parquet de celle de Metz. On nous per-

Nous continuons aujourd'hui, avec l'actif et dévoué concours de l'autorité municipale, l'œuvre patriotique et pieuse de M. Fabvier, et nous venons décorer le berceau du comte de Serre de son image, en attendant que Naples rende ses cendres à la France, et que la patrie reconnaissante élève à l'orateur et à l'homme d'État un monument digne de lui.

Quant à celui-ci, il nous appartient, sans doute, à nous tous, qui nous sommes réunis pour l'élever ; mais il appartient aussi, comme le cœur, l'âme et la gloire du comte de Serre, à l'heureuse commune de Pagny et à chacun de ces habitants, dont cet homme de bien illustre a aimé et chéri les pères. Nous le confions à la garde fidèle de tous comme leur bien et le nôtre.

---

mettra de rappeler ici ces adieux et de rapprocher ainsi les noms des trois gloires du barreau lorrain, de Serre, de Bresson et de Fabvier.

« Mais puis-je m'arrêter à ces graves sujets, sans que chaque mot réveille « le souvenir de celui de vos collègues que vos yeux ne retrouvent plus sur « ces sièges, où sa place encore inoccupée semble rendre son image plus pré- « sente et plus vive ? Quel adieu, quel tribut d'affection et de haute estime « lui adresser qui ne soit devancé par la voix universelle de cette cité ? Où « trouverai-je, moi, le langage qui exprime dignement l'admirable accord d'un « talent si élevé et si pur, et d'un caractère aussi pur et aussi élevé que le « talent. Allez, Bresson, allez, orateur, magistrat, homme en tout excellent ; « nos regrets et nos vœux vous suivent : mais votre nom nous demeure ici, « patrimoine d'illustration que se partagent, à l'envi, cette magistrature et ce « barreau. »

PAROLES PRONONCÉES

PAR

M. AURICOSTE DE LAZARQUE

PRÉSIDENT DE L'ACADÉMIE DE METZ

MADAME LA COMTESSE[1],
MESDAMES,
MESSIEURS,

Les Gaulois avaient représenté le dieu de la force, leur *Hercule*, ayant des chaines d'or qui, de sa bouche allaient s'attacher à tous ceux qui l'entouraient.

C'est là un naïf et pittoresque symbole de l'éloquence.

Il caractériserait parfaitement la personnalité du comte *Hercule* de Serre qui, — si j'osais me servir d'un rapprochement de ce genre, — semblait prédestiné par son nom à être, lui aussi, un triomphateur, un maitre puissant, l'*Hercule* français de la parole.

Ces chaines dorées, il me paraissait tout à l'heure en avoir laissé l'héritage aux élégants orateurs qui devaient être appelés à prononcer aujourd'hui son éloge, et, nous tous, nous en éprou-

1. Mlle Marie de Serre.

vons encore et le poids et le charme. Nous venons de nous sentir attachés aux lèvres éloquentes qui nous ont si vivement retracé la vie et les qualités d'un orateur illustre. — Ces liens, il ne m'appartient pas de chercher à les dénouer à mon profit. — Je veux seulement vous dire que l'Académie de Metz, en déléguant son Président pour assister à cette émouvante cérémonie, a voulu rendre hommage à la mémoire de l'un de ses membres, car M. de Serre, — ainsi que nous l'a appris l'honorable M. Salmon, dans une savante notice, — a fait partie de notre Compagnie, à une époque où elle venait d'être profondément troublée; elle a voulu aussi donner ce témoignage à l'ancien avocat de Metz, au ministre libéral, au conseiller intègre des rois et des peuples; et, enfin, elle m'a surtout recommandé de saluer — ici — en son nom, l'image de celui qui fut non seulement, comme une bouche autorisée vient de vous le dire, « *un grand caractère* », mais qui joignit aussi aux vertus passionnées du citoyen celles, non moins ardentes, de l'honnête homme.

DISCOURS

DE

M. le Baron Guisbert d'HUART

ANCIEN PRÉFET

AU NOM DE LA FAMILLE DE SERRE.

Messieurs,

Je dois à de douloureuses circonstances l'honneur de prendre aujourd'hui la parole au nom de la famille du comte de Serre.

C'était à son fils que devait revenir cet honneur, mais vous savez comment, il y a quelques mois à peine, le comte Gaston de Serre a été enlevé à notre affection[1]. Sa sœur, Mlle Marie de Serre, compagne fidèle et dévouée de sa vie, a bien voulu me confier la mission de répondre aux orateurs que vous venez d'entendre.

J'ai donc à vous dire, Monsieur[2], toute sa gratitude et à vous exprimer, avec les regrets des absents, les remerciements de tous ceux sur lesquels rejaillit l'éclat de cette solennité.

J'ai parlé des absents; il en est d'autres, hélas! dont il m'est

1. Le comte Gaston de Serre est mort à Paris le 27 juin 1886.

2. M. Louis Lallement, avocat à Nancy, qui a pris l'initiative de la souscription destinée à ériger un monument à la mémoire de M. de Serre.

bien permis de rappeler aujourd'hui le souvenir, et qui devraient être ici au premier rang à côté de celui que nous avons la douleur de n'y point voir.

C'est d'abord la comtesse de Serre[1], cette admirable femme qui a si noblement porté pendant un demi-siècle de veuvage le poids d'un grand nom et dont le monde de Paris et de Versailles n'a oublié ni l'esprit, ni les grâces. Puis ses filles, la comtesse Louise de Serre[2], filleule du roi Louis XVIII et de Madame la Dauphine, femme supérieure qui rappelait par tant de côtés son illustre père, et la baronne de Forceville[3], au berceau de qui s'adresse le dernier mot qu'ait tracé la main défaillante du comte de Serre.

A ces cœurs fidèles, ce jour eût apporté les émotions d'une noble et légitime fierté, et l'inauguration de ce monument eût été pour Gaston de Serre le couronnement de l'œuvre à laquelle il avait consacré sa vie.

C'est bien comme vous le dites, Monsieur, à ses travaux persévérants, à ses recherches infatigables que nous devons la publication des *Discours* et de la *Correspondance* de son père, œuvre précieuse pour l'historien, véritable monument élevé par la piété filiale à une illustre mémoire.

Pénétré du sentiment de ce qui était dû à cette mémoire, un instant obscurcie par les passions et les luttes des partis, et avec ce tact supérieur qu'il mettait en toute chose, Gaston de Serre a su patiemment attendre l'heure voulue pour la publication de ses travaux. Il avait compris que, plus cette heure serait tardive, plus complète et plus éclatante serait la réparation, et que le souvenir

1. La comtesse de Serre, née baronne d'Huart, morte le 18 novembre 1875.

2. La comtesse Louise de Serre, chanoinesse du chapitre de Sainte-Anne, morte à Paris le 14 mars 1884.

3. La baronne de Forceville, morte le 5 février 1880.

de son père brillerait d'un éclat d'autant plus grand que ces luttes et ces passions seraient plus éloignées de nous.

Injustement attaqué par ses contemporains, M. de Serre avait tout à attendre de la postérité.

Pour elle son nom demeurera l'une des personnifications les plus éclatantes de cette grande époque de la Restauration qui, suivant l'expression heureuse de M. de Mazade, l'un des biographes du comte de Serre, a renouvelé à la fois la politique et la poésie, l'histoire et l'éloquence.

Pour la postérité, le nom de Serre restera comme le plus propre à rappeler ces grandes luttes parlementaires durant lesquelles, à l'aurore de la Restauration, la France nouvelle et la monarchie nationale marchaient d'accord dans les voies ouvertes au progrès et à la liberté.

La France, Messieurs, ah! tel était bien l'unique amour qui remplissait le grand cœur du comte de Serre et qu'il mettait au-dessus de tout!

Mais pour lui la prospérité et la grandeur de la patrie ne pouvaient être fondées que sur la liberté, et cette liberté il voulait l'obtenir par l'alliance définitive de son pays avec la monarchie.

Cette conviction profonde éclate pour ainsi dire à chaque mot de ses discours, à chaque page de sa correspondance. Permettez-moi une seule citation : « Pour fonder la liberté, écrivait- « il [1], il faut affermir la monarchie, et pour affermir celle-ci, il faut « en revenir à fonder la liberté! ces deux causes me paraissent « également saintes. »

C'est pourquoi il consacra à les défendre tout ce que le ciel lui avait donné d'énergie et de talent, et pour tout juge impartial, c'est là ce qui fait l'unité de sa vie.

---

1. *Corr.*, 11 mars 1820.

En voyant le grand orateur combattre tour à tour les Ultras et les Doctrinaires, ses adversaires ont pu s'y-tromper. Mais nous, Messieurs, nous, qui sommes l'histoire, éclairés par les événements qu'avait pressentis l'homme d'État, nous comprenons maintenant comment il lutta jusqu'à son dernier jour pour maintenir cette union féconde de la France libérale et de la monarchie traditionnelle.

Et s'il a laissé sa vie dans cette lutte suprême qu'il soutint avec un incomparable génie, du moins on a pu dire de lui, comme de Mirabeau, qu'il avait en mourant emporté une monarchie dans sa tombe!

Puissent ces grandes leçons d'une époque éloignée déjà ne point être perdues pour nos contemporains! Et s'il m'est permis, à moi, Lorrain, qui pleure avec vous nos provinces perdues, s'il m'est permis de former ici un vœu pour le relèvement de la patrie, je demande à Dieu que la France retrouve bientôt les éléments de grandeur et de prospérité qu'elle possédait alors et qui lui assuraient le premier rang en Europe[1].

Et comme les mêmes causes ramènent toujours les mêmes effets, nous verrions sans doute encore se reproduire, sinon les mêmes génies, du moins les mêmes dévouements et les mêmes gloires.

En présence de l'admirable situation politique et financière que la royauté avait faite à la France, au lendemain des désastres de l'Empire, l'esprit a peine à comprendre la violence des attaques

1. M. le baron G. d'Huart a exprimé là un vœu personnel, dont l'entière responsabilité lui appartient. Le devoir de l'éditeur est de reproduire son discours tel qu'il l'a prononcé, mais en rappelant que la souscription à laquelle tous les partis ont pris part n'a eu aucun caractère politique, et n'a eu d'autre objet que celui d'un hommage rendu à la plus grande illustration oratoire de la Lorraine. (*Note de la Rédaction.*)

dont le gouvernement du roi Louis XVIII fut l'objet et qu'un patriotisme mieux éclairé aurait dû lui épargner. Dans ces circonstances difficiles, la conduite de M. de Serre a été diversement jugée, mais ce qui demeura et ce qui demeurera toujours au-dessus de toutes les atteintes, ce sont le désintéressement absolu de ses convictions et la dignité de sa vie.

C'est que l'honneur, la conscience, la piété, occupaient toutes les avenues de sa grande âme. L'honneur et la conscience, Messieurs, mots nouveaux, idées inconnues aux anciens, et qui, selon l'admirable expression de l'un de nos grands historiens[1], mesurent la distance énorme qui sépare une âme moderne d'une âme antique.

Tel était le secret de cette parole vibrante et persuasive, qui allait au cœur parce qu'elle en venait, a dit justement la duchesse de Broglie. Tel était le secret de cette éloquence qui a fait de M. de Serre l'une des plus grandes illustrations de la tribune française.

Il y a bientôt vingt ans, M. Salmon, que vous venez d'entendre et qui a honoré cette magistrature française à laquelle mon oncle de Serre avait appartenu, écrivait sa biographie et réclamait pour votre compatriote une statue dans l'une de nos grandes villes lorraines.

Vous avez, Monsieur, par votre noble initiative, réalisé une partie de ce vœu en plaçant ici, au lieu même de sa naissance, le buste de M. de Serre.

Et c'était bien à un artiste lorrain d'un remarquable talent, tel que Mathias Schiff, qu'il convenait d'en confier l'exécution.

Laissez-moi donc, Monsieur, vous remercier, vous et M. le Maire de Pagny, au nom de la famille de Serre.

1. Taine, *Les Origines de la France contemporaine.*

Laissez-moi remercier avec vous tous ceux qui, sans acception de parti, ont voulu ajouter par leur présence à l'éclat de cette réunion ; tous ceux qui vous ont aidé dans votre œuvre, tous ces souscripteurs enfin, en tête desquels je vois figurer d'augustes noms[1] : honneur bien mérité par ce grand serviteur de la Maison de France !

Laissez-moi me faire encore l'interprète de tous en remerciant les orateurs dont nous venons d'applaudir la parole éloquente.

En leur offrant l'expression de notre reconnaissance, je réponds certainement aux vœux des concitoyens de M. de Serre, qui reçoivent comme un reflet de sa gloire.

De cette gloire qui restera l'une des plus pures dont puisse à son tour s'enorgueillir la grande patrie française !

---

1. Mgr le comte de Paris et S. A. R. Mgr le duc de Chartres.

PIÈCES JUSTIFICATIVES

I

Liste des souscripteurs.

MM.

1. L'abbé D. Mathieu, de l'Académie de Stanislas, aumônier des Dames dominicaines, à Nancy. . . . . . . 10f »
2. Arthur Benoist, ancien président du Tribunal civil de Bar-le-Duc (Meuse) . . . . 10 »
3. Paul Fliche, de l'Académie de Stanislas, professeur d'histoire naturelle à l'École nationale forestière, à Nancy. 20 »
4. Henri Mengin, avocat à la Cour d'appel de Nancy. . . . 25 »
5. Ferdinand Genay, architecte, inspecteur des édifices diocésains, à Nancy . . . . 20 »
6. Hervé, de l'Académie française, rédacteur en chef du *Soleil*, à Paris . . . . 50 »
7. Amédée Berthe de Pommery, à Nancy . . . . 10 »
8. Vicomte Oscar de Poli, ancien préfet, président du Conseil héraldique de France, à Paris. . . . . 10 »
9. Baron Louis de Klopstein, conseiller général de Meurthe-et-Moselle, château de Châtillon . . . . 20 »
10. Mgr Foulon, archevêque de Besançon, ancien évêque de Nancy. . . . . 10 »
11. Émile Perrin, avocat au Conseil d'État en la Cour de cassation, à Paris . . . . 50 »
12-13. Louis et René Collesson, domaine des Sallières, près Blâmont. 10 »
14. Camille Collesson, ancien adjoint au maire du XIXe arrondissement, à Paris. . . . . 10 »
15. Paul Michaut, ancien député, conseiller général de Meurthe-et-Moselle, administrateur des cristalleries de Baccarat. 20 »
16. T. Boucher père, président de la Chambre de commerce des Vosges, à Épinal . . . . 100 »

A reporter. . . . . 375f »

MM.	*Report*	375f »
17. L. CALLA, député de la Seine, à Paris[1]		20 »
18. V. DIDIOT, directeur du *Moniteur de la Moselle*, à Metz . .		50 »
19. Louis ROLAND-GOSSELIN, agent de change honoraire, à Paris		25 »
20. POUPIER, juge honoraire, à Châlon-sur-Saône (Saône-et-Loire).		2 »
21. A. VOYSIN DE GARTEMPE, ancien magistrat, à Guéret (Creuse).		5 »
22. DES AULNOIS, maire de Pagny-sur-Moselle		20 »
23. E. MEAUME, ancien professeur de législation et de jurisprudence à l'École nationale forestière, à Neuilly-sur-Seine (Seine).		20 »
24. Pierre BASTIEN, avocat à la Cour d'appel de Nancy . . .		10 »
25. Albert PICHON DE CHÂTEAUFORT, au petit château de Lunéville		5 »
26. Mgr LE COMTE DE PARIS		100 »
27. Mgr LE DUC DE CHARTRES		50 »
28. B. MIETTE, ancien magistrat, à Pont-à-Mousson.		5 »
29. A. LENGLET, ministre plénipotentiaire honoraire, à Paris .		20 »
30. Louis LALLEMENT, avocat à la Cour d'appel de Nancy . .		100 »
31. Auguste MENNESSIER, ancien receveur des hospices, à Metz.		5 »
32. René XARDEL, avocat à la Cour d'appel de Nancy		5 »
33. Ant. BESVAL, ancien notaire, à Nancy		40 »
34. Charles BENOIST, aspirant de marine de première classe .		5 »
35. Ph. TARGET, ancien député, ancien ministre plénipotentiaire, à Bourguignolle (Calvados)		20 »
36. Baron Maurice DE RAVINEL, ancien préfet, à Lunéville . .		20 »
37. Louis BLOCQ, banquier, à Toul		10 »
38. Maurice DE FOBLANT, ancien représentant, à Nancy . . .		40 »
39. P. MOREY, correspondant de l'Institut (Académie des Beaux-Arts), membre honoraire de l'Académie de Stanislas, ancien architecte de la Ville de Nancy		20 »
40. Jules GOÜY, ancien magistrat, château de Renémont, près Jarville		50 »
41. SALMON, correspondant de l'Institut (Académie des Sciences morales et politiques), conseiller honoraire à la Cour de cassation, à Paris.		70 »
42. Mme RIBOULET, à Paris		5 »
43. Édouard FABVIER, à Nancy.		100 »
	A reporter.	1197f »

1. Tous les souscripteurs figurent sur cette liste avec les qualités qu'ils avaient au moment de leur souscription.

MM.	*Report*.	1197f »
44. Félix COLLENOT, ancien magistrat, à Nancy		10 »
45. Léon GERMAIN, de l'Académie de Stanislas		5 »
46. BENOIST DE SAILLY, à Pont-à-Mousson.		5 »
47. Baron D'AVOUT, ancien magistrat, à Pont-à-Mousson. . .		10 »
48. Henri DE VIENNE, ancien magistrat, à Nancy		20 »
49. Charles DE GARGAN, château de Preisch (Lorraine). . . .		25 »
50. Général DE VERCLY, à Nancy		10 »
51. LANTY, ancien conservateur des hypothèques, à Nancy . .		5 »
52. Mme DE TURMEL, à Pont-à-Mousson		20 »
53. Mme la Vicomtesse DE LESGUERN, à Pont-à-Mousson . . .		20 »
54. Pierre DE LALLEMAND DE MONT, ancien secrétaire général de préfecture, à Nancy.		20 »
55. Baron DE JOYBERT, à Nancy		10 »
56. Alexandre CHARLOT, ancien magistrat, à Nancy.		10 »
57. Charles GUYOT, de l'Académie de Stanislas, professeur de législation à l'École nationale forestière, à Nancy . .		10 »
58. Adolphe BESVAL, doyen de l'Ordre des Avocats à la Cour d'appel, ancien bâtonnier, à Nancy		10 »
59. Raymond SALMON-LEGAGNEUR, avocat à la Cour d'appel de Paris.		10 »
60. Comte DE WARREN, membre honoraire de l'Académie de Stanislas, à Nancy		5 »
61. LINDER, ancien avocat du barreau de Strasbourg, à Nancy		10 »
62. Mme DE L'HÉRAULE, à Nancy		10 »
63. Mme la marquise D'EYRAGUES, à Nancy.		10 »
64. Léon LALLEMENT, à Nancy.		5 »
65. Mme FABVIER la mère, à Nancy		100 »
66. VAGNER père, rédacteur-gérant de l'*Espérance, Courrier de Nancy*.		5 »
67. Mgr TURINAZ, évêque de Nancy et de Toul		30 »
68. Léopold MARCOT, maire de Réméréville		5 »
69. Comte DE LANDRIAN, baron DU MONTET, à Nancy. . . .		10 »
70. Henri DE BOUVIER, conseiller général de Meurthe-et-Moselle, à Nancy		10 »
71. Émile CARESME, ancien procureur général, ancien président de chambre, à Pont-à-Mousson		10 »
72. GARNIER, juge au Tribunal civil de Nancy		20 »
73. Baron Louis D'HAMONVILLE, conseiller général de Meurthe-et-Moselle, château de Manonville.		20 »
74. D'HAUSEN, à Sainte-Marie, près Blâmont		20 »
75. Paul LENGLET, banquier, à Nancy.		20 »
	A reporter.	1687f »

MM.	*Report*.	1687f »
76. Édouard COURNAULT, ancien sous-préfet, ancien conseiller général de Meurthe-et-Moselle, maire de Méréville. .		10 »
77. BERTRAND-GILLET, à Nancy		5 »
78. E. D'AUTRECOURT, avocat, à Nancy		10 »
79. Mme DE VANDALE, à Nancy.		20 »
80. PIQUEMAL, à Gentilly-Maxéville.		20 »
81. Comte DE PUYMAIGRE, château d'Inglange (Lorraine). . .		30 »
82. LA COMMUNE DE PAGNY-SUR-MOSELLE (somme votée par le Conseil municipal)		50 »
83. LEROI, marchand épicier, à Pagny.		5 »
84. SCHMITT, employé au chemin de fer, à Pagny.		1 »
85. Mme Veuve OYON, à Pagny.		20 »
86. LAMY, employé au chemin de fer, à Pagny		» 50
87. LORRAIN, propriétaire, conseiller municipal, à Pagny. . .		» 50
88. FLORANGE, ferblantier, à Pagny.		» 50
89. RIFAU, receveur des postes, à Pagny.		1 »
90. Jean-Joseph BRIQUÉ, conseiller municipal, à Pagny . . .		1 »
91. BOURBON, ancien instituteur, à Pagny		1 »
92. Mme Veuve Nicolas GOURRIER, propriétaire		1 »
93. Mme Veuve THIÉBAUX-RENAUD, propriétaire, à Pagny . .		10 »
94. Marc DORON, propriétaire, à Pagny		5 »
95. BEUVELOT, propriétaire, conseiller municipal, à Pagny. .		» 50
96. STHÈME, propriétaire, à Pagny		20 »
97. COUROUVE, recev. buraliste, conseiller municipal, à Pagny		» 50
98. LIENHARD, pharmacien, à Pagny		5 »
99. Joseph GEORGES, charron, à Pagny		1 »
100. Jules BARTHELEMY, marchand de vins, à Pagny		5 »
101. Mme Veuve Étienne ROMSTATT, propriétaire, à Pagny . .		1 »
102. Joseph-Étienne NAVEL, cordonnier, à Pagny		» 50
103. Louis NAVEL, propriétaire vigneron, à Pagny		1 »
104. PICHON, garde des eaux, à Pagny		» 50
105. François BRUNEL, maçon, à Pagny		1 »
106. THIÉBAUX, adjoint au maire, propriétaire, à Pagny. . . .		1 »
107. Hubert BERTIN, propriétaire vigneron, à Pagny		2 50
108. GUYOT, receveur des contributions indirectes, à Pagny. .		1 »
109. Alphonse NAVEL, propriétaire vigneron, à Pagny		1 »
110. Pierre-Antoine LEFEBVRE, vigneron, à Pagny.		1 »
111. André BRUNEL, employé au chemin de fer, à Pagny. . .		» 50
112. Christophe BOUCHER, conseiller municipal, à Pagny . . .		1 »
113-115. Trois anonymes, à Pagny		» 85
	A reporter.	1923f 35

MM. *Report* 1923f 35

116. Émile Gourier, propriétaire, ancien conseiller général de Meurthe-et-Moselle, conseiller municipal, à Pagny. . 20 »
117. Heymonet, ancien instituteur, à Pagny . . . . 1 »
118. Félix Gouy, officier supérieur en retraite, à Pagny. . . . 5 »
119. Léon Gouy, capitaine d'infanterie, à Pagny. . . . . . . 5 »
120. Mlle de Beausire, propriétaire, à Pagny . . . . 5 »
121. Jeannequin, ancien président du Tribunal de Lunéville . 10 »
122. Mme de Lallemand de Mont, à Nancy . . . . 10 »
123. Noël, ancien conseiller à la Cour d'appel de Nancy. . . 10 »
124-125. Emmanuel et Eugène d'Huart, à Marseille . . . . . 10 »
126. Baron Théodore de Gargan, aux forges de Hayange (Lorraine) . . . . 100 »
127. Eugène Larcher, avocat à la Cour d'appel, ancien bâtonnier, conseiller général de Meurthe-et-Moselle, membre du Conseil municipal de Nancy . . . . 10 »
128. Octave de Maillier, inspecteur des forêts en retraite, à Nancy. . . . . 20 »
129. D'Hannoncelles, président de chambre à la Cour d'appel de Nancy . . . . 25 »
130. Ed. Bonvalot, ancien conseiller des Cours d'appel de Colmar et de Dijon, à Paris. . . . . 5 »
131. Mme Chaigneau, née Le Milloch, château de Brangolo (Morbihan). . . . . 5 »
132. Ch. Mathieu, ancien conseiller à la Cour d'appel de Nancy. . . . . 10 »
133. Keller, à Lunéville. . . . . 20 »
134. Mme Gabriel Mennessier, à Nancy . . . . 3 »
135. Jules Gosset, avocat à la Cour d'appel de Rouen, ancien magistrat, autrefois avocat à Nancy . . . . 5 »
136. Mme de Bénaville, à Nancy . . . . 20 »
137. Léopold Quintard, à Nancy . . . . 5 »
138. Goüy de Bellocq, à Nancy . . . . 20 »
139. François Vivaux, ancien préfet, à Paris . . . . 20 »
140. Mme F. Vivaux, à Paris . . . . 10 »
141. Gonzalve Regnault, procureur général près la Cour d'appel d'Angers . . . . 5 »
142. Petit, receveur de l'enregistrement, à Étain (Meuse). . . 5 »
143. Mme E. Mény, à Paris. . . . . 10 »
144. Jules Lejeune, secrétaire perpétuel de l'Académie de Stanislas, à Nancy. . . . . 10 »

A reporter 2307f 35

MM. *Report*. 2307f 35

145. La Ville de Colmar (Alsace)[1] . . . . 250 »
146. Henri de Wendel, à Hayange (Lorraine). . . . . 100 »
147. Robert de Wendel, à Hayange (Lorraine) . . . . 50 »
148. Baron Maurice du Coëtlosquet, à Rambervillers (Vosges) 100 »
149. Boulangé, de l'Académie de Stanislas, avocat à la Cour d'appel de Nancy, ancien bâtonnier de l'Ordre à Metz et à Nancy. . . . . 10 »
150. F. des Robert, de l'Académie de Stanislas, à Nancy. . . 5 »
151. Caye, ancien avoué, à Nancy. . . . . 10 »
152. F. P...., à Nancy . . . . 5 »
153. Mlles Mangin, à Metz . . . . 20 »
154. René Leclerc, avocat à la Cour d'appel de Nancy, ancien magistrat . . . . 10 »
155. La Ville de Pont-a-Mousson (somme votée par le Conseil municipal) . . . . 50 »
156. Mézières, de l'Académie française, professeur de littérature étrangère à la Faculté des Lettres de Paris, député et conseiller général de Meurthe-et-Moselle, à Paris . . 10 »
157. Angenoux, président de chambre à la Cour d'appel de Nancy. 10 »
158. Général de Vercly, à Pont-à-Mousson. . . . . 5 »
159. L'abbé Bérot, professeur d'histoire au petit Séminaire de Pont-à-Mousson. . . . . 3 »
160. L'abbé Deblaye, professeur de mathématiques au petit Séminaire de Pont-à-Mousson. . . . . 5 »
161. E. Auguin, ingénieur des mines, rédacteur en chef du *Journal de la Meurthe et des Vosges*, à Nancy. . . . 10 »
162. Luxer, avocat général près de la Cour d'appel de Nancy . 10 »
163. Villard, avocat général près la Cour d'appel de Nancy. . 10 »
164. Weber, président du Tribunal civil de Nancy. . . . . . 5 »
165. Mme Charles Guérin, à Lunéville . . . . 25 »
166. Baron Charles de Ravinel, ancien député, château de Villé, commune de Nossoncourt (Vosges). . . . . . 25 »
167. Donnat, conseiller honoraire des Cours d'appel de Colmar et de Besançon, à Nancy. . . . . 20 »
168. Cuny, architecte, à Nancy. . . . . 10 »
169. Benoit, président de chambre honoraire à la Cour d'appel de Nancy, à Toul . . . . 20 »
170. Dieudonné, juge de paix du canton de Pont-à-Mousson. 10 »

A reporter. 3095f 35

1. En reconnaissance de cette souscription, le buste en plâtre qui a servi de modèle au fondeur a été offert au Musée historique établi à Colmar par la *Société Schœngauer*.

MM.	*Report*	3095f 35
171.	Comte DE LUDRE, de l'Académie de Stanislas, château de Ludre, commune de Richardménil.	20 »
172.	Jules MOREAU, à Fey (Lorraine).	10 »
173.	Félix MOREAU, avocat à la Cour d'appel de Nancy. . . .	5 »
174.	A. DAUBRÉE, bijoutier	10 »
175.	Louis LEBLOIS, substitut du procureur de la République à Lille, ancien substitut du Tribunal de Nancy. . . .	5 »
176.	René DE GOUSSAINCOURT, à Nancy.	10 »
177.	G. SCHNEIDER, avoué à la Cour d'appel de Nancy. . . .	5 »
178.	Antoine LEJEUNE, à Nancy.	5 »
179.	Eugène SCHIRMER, ingénieur de la Société des Manufactures de glaces et produits chimiques de Saint-Gobain, Chauny et Cirey, à Cirey-sur-Vezouse	3 »
180.	Louis GUILLEMIN, avocat à la Cour d'appel de Nancy. .	5 »
181.	Lucien ADAM, président de chambre à la Cour d'appel de Rennes, ancien conseiller à la Cour de Nancy. . . .	20 »
182.	AUDIAT, conseiller à la Cour d'appel de Nancy.	10 »
183.	KRUG-BASSE, conseiller à la Cour d'appel de Nancy. . .	5 »
184.	COTELLE, doyen des conseillers à la Cour d'appel de Nancy.	5 »
185.	SEROT ALMÉRAS LATOUR, conseiller à la Cour d'appel de Nancy.	5 »
186.	Paul LAMBLÉ, inspecteur des forêts, à Nancy.	10 »
187.	Félix LARDENOIS, conseiller à la Cour de cassation, autrefois avocat à Nancy.	20 »
188.	Em. DUFRESNE, président de chambre à la Cour d'appel de Paris, ancien avocat général à Colmar, ancien procureur général à Nancy.	20 »
189.	François BASTIEN, ancien président de chambre à la Cour d'appel d'Alger, autrefois avocat à Nancy, à Ambacourt (Vosges).	5 »
190.	Mme veuve G. REMOND, en souvenir de M. Gustave REMOND, ancien avocat à Metz, puis à Nancy ; procureur général à Caen, président de chambre à Nancy, mort président de chambre à la Cour d'appel de Paris. . . .	20 »
191.	Antoine DE METZ-NOBLAT, de l'Académie de Stanislas, maire de Bey.	10 »
192.	Victor BERTRAND, avoué à la Cour d'appel de Nancy. . .	10 »
193.	Édouard BINET, professeur de Code civil à la Faculté de droit, avocat à la Cour d'appel de Nancy.	5 »
194.	PONTON, conseiller à la Cour d'appel de Nancy.	5 »
	A reporter	3323f 35

MM.	
Report.	3323^{f} 35
195. Alexandre HERBIN, négociant, à Nancy.	10 »
196. L'abbé G. ROBIN, ancien avocat à la Cour d'appel de Nancy, à Château-Salins (Lorraine).	25 »
197. Jules SIMON, de l'Académie française et de l'Académie des Sciences morales et politiques, sénateur, ancien Ministre, à Paris.	10 »
198. Rodolphe DARESTE, conseiller à la Cour de cassation, à Paris.	10 »
199. BARBETTE, conseiller à la Cour d'appel de Paris, ancien procureur de la République à Nancy	10 »
200. Ch. CARTIER, industriel, à Celles-sur-Plaine (Vosges). . .	10 »
201. L'abbé JAMBOIS, vicaire général du diocèse de Nancy. . .	5 »
202. CHASSIGNET, ancien sous-intendant militaire, vice-président de l'Académie de Stanislas, à Nancy.	10 »
203. MARTIN DUGARD, avocat à la Cour d'appel de Nancy. . .	5 »
204. Émile BECQUART, ancien magistrat, à Paris.	5 »
205. H. GOMONT, associé-correspondant de l'Académie de Stanislas, à Paris.	5 »
206. PHULPIN, curé de Xeuilley.	5 »
207. Edmond CONTAL, avocat à la Cour d'appel de Nancy. . .	5 »
208. BLONDEL, professeur de Code civil à la Faculté de droit, avocat à la Cour d'appel de Nancy, conseiller général des Vosges.	5 »
209. Louis BUFFET, sénateur, ancien Ministre, à Paris.	25 »
210. Gabriel THOMAS, substitut du procureur général près la Cour d'appel de Nancy.	5 »
211. Docteur Edmond LALLEMENT, de l'Académie de Stanislas, professeur d'anatomie à la Faculté de médecine, membre du Conseil municipal de Nancy.	10 »
212. Comte D'HAUSSONVILLE, ancien député, à Paris.	20 »
213. Charles DE LACOMBE, ancien député, auteur de l'ouvrage intitulé : *Le Comte de Serre, sa vie et son temps* (Paris, 1881), à Clermont-Ferrand.	10 »
214. Duc DE BROGLIE, de l'Académie française, ancien Ministre, ancien député, à Paris.	20 »
215. ALLOU, sénateur, ancien bâtonnier de l'Ordre des Avocats à la Cour d'appel de Paris.	20 »
216. Jules POULET, conseiller à la Cour de cassation, autrefois avocat à Metz, ancien avocat général à Nancy. . . .	15 »
217. THOMAS, président honoraire du Tribunal de Lunéville. .	5 »
218. Paul DE RÉMUSAT, sénateur, à Paris.	50 »
A reporter.	3623^{f} 35

MM.	*Report*.	3623f 35
219. Comte Alfred DE MORVILLE, à Nancy.		10 »
220. René VAGNER, imprimeur, gérant du journal *l'Espérance, Courrier de Nancy*, à Nancy.		5 »
221-222. RENAULD et JAMBOIS, banquiers, à Nancy.		7 »
223. Charles WELCHE, ancien Ministre, ancien maire de Nancy, ancien avocat à la Cour d'appel de Nancy, à Montauban-sur-Houdemont (Meurthe-et-Moselle).		10 »
224. Charles LARZILLIÈRE, ancien magistrat, avocat, à Saint-Mihiel (Meuse).		5 »
225. Mme Eugène CHEVANDIER DE VALDRÔME, château de Cirey-sur-Vezouse.		25 »
226. Adolphe LOMBARD, de l'Académie de Stanislas, bâtonnier de l'Ordre des Avocats à la Cour d'appel de Nancy, professeur de droit commercial à la Faculté de droit.		10 »
227. Baron DE GAIL, conseiller à la Cour d'appel de Nancy. .		5 »
228. LEDERLIN, doyen de la Faculté de droit de Nancy, avocat à la Cour d'appel.		10 »
229. PECHEUR, conseiller à la Cour d'appel de Nancy.		10 »
230. RICARD, greffier d'audience au Tribunal civil de Nancy. .		2 »
231. DE CONTY, avoué à la Cour d'appel de Nancy.		5 »
232. Émile PIERROT, avocat à la Cour d'appel, ancien avocat général à Nancy.		10 »
233. A. BALLOT-BEAUPRÉ, conseiller à la Cour de cassation, ancien premier président de la Cour d'appel de Nancy, à Paris.		20 »
234. Édouard SERRE, premier président de la Cour d'appel de Nancy.		10 »
235. Louis GRANDEAU, doyen de la Faculté des Sciences de Nancy.		10 »
236. Général de division B. HANRION, de Metz, ayant commandé la 11e division d'infanterie à Nancy, commandant le 17e Corps d'armée, à Toulouse.		20 »
237. Paul THUREAU-DANGIN, rédacteur du *Français*, à Paris. .		10 »
238. BENCKHARD, juge au Tribunal civil de Nancy.		10 »
239. MIESCH, d'Altkirch, avoué au Tribunal de Nancy. . . .		5 »
240. Georges CHEVANDIER, aux Verreries de Saint-Quirin (Lorraine).		25 »
241. Docteur Eugène MARCHAL, ancien adjoint au maire, à Nancy.		50 »
242. Baron HULOT, inspecteur général des finances en retraite, à Nancy.		20 »
	A reporter.	3917f 35

MM. *Report.* 3917f 35

243. J. A. MONGIN, à Chargey (Haute-Saône). . . . . 5 »
244. Léon DUBARLE, ancien magistrat, avocat à la Cour d'appel d'Aix (Bouches-du-Rhône). . . . . 5 »
245. GEORGE-LEMAIRE, conseiller à la Cour de cassation, ancien substitut au Tribunal de Nancy et à la Cour de Colmar. . . . . 20 »
246. Pr LOITIÈRE, propriétaire à Mont-Saint-Martin (Meurthe-et Moselle). 20 »
247. Mme P. LOITIÈRE, à Mont-Saint-Martin. . . . . 20 »
248. Georges GUGENHEIM, rédacteur en chef du *Petit Nancéien* et de la *Dépêche de Nancy*, à Nancy. . . . . 10 »
249. L'abbé A. VACANT, professeur au grand Séminaire de Nancy. . . . . 5 »
250. Mme la Comtesse DE MONTALEMBERT, née DE MÉRODE, à Paris. . . . . 25 »
251. Louis BERR, avocat, adjoint au maire de Lunéville. . . . 5 »
252. MARQUIS, sénateur de Meurthe-et-Moselle, vice-président du Conseil général, à Thiaucourt. . . . . 10 »
253. BOUCHON, président du Tribunal de Briey. . . . . . . 5 »
254. Léopold GIGOUT, architecte, à Nancy. . . . . 10 »
255. Baron DE FÉRIET, avocat, à Nancy. . . . . 5 »
256. LABBÉ père, maître de forges, à Gorcy. . . . . 10 »
257. MAURE, ancien conseiller à la Cour d'appel de Nancy. . 10 »
258. DEMONTZEY, ancien président du Tribunal civil de Nancy. 10 »
259. Prosper SIMONIN, ancien conseiller à la Cour d'appel de Nancy. . . . . 10 »
260. HANNEQUIN, ancien conseiller à la Cour d'appel de Nancy. 10 »
261. Charles COURNAULT, conservateur du Musée historique lorrain, à Malzéville . . . . 5 »
262. Baron Louis DE VIEL-CASTEL, de l'Académie française, auteur de l'*Histoire de la Restauration*, à Paris. . . . . 10 »
263. Ch. DE MAZADE, de l'Académie française, auteur de l'ouvrage intitulé : *Le Comte de Serre, la politique modérée sous la Restauration* (Paris, 1879), à Paris . . . . . 10 »
264. Comte Marcel LE BÈGUE DE GERMINY, à Paris. . . . . 5 »
265. Colonel DE L'ESPÉE, château de Sandronviller, commune de Tonnoy. . . . . 5 »
266. Guillaume GUIZOT, professeur au Collège de France, à Paris. 10 »
267. Duc D'AUDIFFRET-PASQUIER, de l'Académie française, sénateur, à Paris . . . . 25 »
268. A. DE FAULTRIER, ancien capitaine d'infanterie, à Xonville 5 »

A reporter. 4187 35

	MM. *Report*	4187f 35
269.	De Guerle, de l'Académie de Stanislas, Trésorier-payeur général de Meurthe-et-Moselle, à Nancy	20 »
270.	Baron Gt d'Huart, ancien préfet, à Persac (Vienne) . . .	20 »
271.	Comte de Falloux, de l'Académie française, ancien député, ancien Ministre de l'Instruction publique, à Angers)	50 »
272.	Le Bègue, directeur de la *Société nancéienne de crédit industrielle et de dépôts,* à Nancy	5 »
273.	Giot-Préfontaine, ancien magistrat, à Nancy	5 »
274.	Louis L'hoste, ancien maire d'Hattonchâtel (Meuse). . .	2 50
275.	Mme la Vicomtesse de Roquefeuil, née Fourier de Bacourt, à Nancy	5 »
276.	Émile Adam, membre du Conseil municipal de Nancy . .	20 »
277.	Victor Resal, avocat à la Cour d'appel de Nancy	10 »
278.	P. Menjaud, ancien officier, à Nancy	10 »
279.	L'abbé V. Mourot, chevalier du Saint-Sépulcre, ancien curé de Monthureux-le-Sec (Vosges).	10 »
280.	Charles de Rozières, à Pot-de-Vin, commune de Petit-Mont	10 »
281.	Henri Limbourg, avocat à la Cour d'appel de Paris, ancien avocat à Metz	10 »
282.	Baron de Cressac de Soleuvre, à Metz	10 »
283.	de Miscault, à Nancy.	10 »
284.	Vicomte Louis de Hédouville, juge au Tribunal de Neufchâteau (Vosges)	10 »
285.	Mlle Caroline de Lallemant de Liocourt, à Nancy . .	10 »
286.	C. Jaxel, représentant de commerce, à Metz	5 »
287.	Le journal *Le Messin,* rue Serpenoise, 59, à Metz	5 »
288.	Grillon, avocat à la Cour d'appel, membre du Conseil municipal de Nancy.	5 »
289.	Billaudé, greffier en chef de la Cour d'appel de Nancy .	5 »
290.	G. Hubault, professeur au Lycée Louis-le-Grand, à Paris.	5 »
291.	Robinet de Cléry, autrefois avocat à Metz, ancien procureur général à Alger, premier président honoraire de la Cour d'appel de Besançon	10 »
292.	Gabriel de Braux, à Boucq.	5 »
293.	Mme Aimée d'Ubexi, née de Jouard du Maignou, à Nancy	10 »
294.	L'abbé Ferry, professeur de rhétorique au petit Séminaire de Pont-à-Mousson	5 »
295.	Dagand, notaire, à Nancy	20 »
296.	Siette, à Nancy	1 »
	A reporter	4480 85

MM.	*Report*	4480	85
297. A. STELZL, à Nancy.		1	»
298. L'abbé H. J. THIRIET, professeur au grand Séminaire de Nancy.		3	»
299. Michel MARTZOLFF, à Nancy		1	50
300. Marquis DE RAIGECOURT, à Paris		20	»
301. Victor COURTOIS, avocat à la Cour d'appel de Nancy. . .		10	»
302. L. ARNAULD DE PRANEUF, ancien juge d'instruction à Lunéville, à Neuilly-sur-Seine.		5	»
303. Mme la Baronne Louise D'HUART, à Versailles.		20	»
304. Baron DE SAINT-VINCENT, président de chambre honoraire à la Cour d'appel de Nancy.		15	»
305. AURICOSTE DE LAZARQUE, président de l'Académie de Metz, à Retonfey (Lorraine)		5	»
306. E. DE SOBIRATS, avoué à la Cour d'appel de Nancy . . .		15	»
307. Paul SAINT-JOIRE, avocat à la Cour d'appel de Nancy. . .		5	»
308. Mme Armand PARISON, à Paris		5	»
309. Mme la Comtesse DE MONTANGON, née DE MÜLLER[1], à Crespy (Aube)		50	»
310. Mme Émile LAMBLÉ, à Saint-Dié-des-Vosges		10	»
311. Duc DECAZES, château de la Grave (Gironde)		20	»
312. Charles HAMEL, avocat, à Paris.		5	»
313. Paul DE RAYNAL, ancien substitut du Procureur général près la Cour d'appel, à Paris		10	»
314. ALEXANDRE, ancien président de chambre à la Cour de Paris, ancien premier avocat général à Nancy, à Paris.		10	»
315. Mme T. . . ., de Thionville, à Paris.		20	»
316. Maurice RICHÉ, avocat, à Charleville (Ardennes)		20	»
317. BERNARD DE JANDIN, ancien magistrat, à Nancy		5	»
318. Edmond LECLERC, ancien maître des requêtes au Conseil d'État, à Paris		10	»
319. E. DE SERRE, consul de France à Copenhague (Danemark).		20	»
320. Mlle Jeanne LALLEMENT, à Nancy		152	42
	TOTAL.	4918	77

1. Petite-fille du plus intime ami du Comte de Serre, M. DE MILLET DE CHEVERS, qui lui succéda comme premier président à la Cour de Colmar.

II

Compte rendu financier.

RECETTE

1° Produit total de la souscription, dont la liste, arrêtée le 8 décembre 1886, présente 320 souscripteurs, donnant une somme de	4918f 77
2° Intérêts de partie des fonds déposés à la Trésorerie générale de Meurthe-et-Moselle, du 21 septembre 1885 au 4 octobre 1886, à 2 p. 100.	57 78
TOTAL.	4976f 55

DÉPENSE

1° Payé à l'imprimerie Berger-Levrault et Cie pour impression de 450 circulaires (Appel à souscrire), 150 lettres aux rédacteurs de journaux, enveloppes.	29f 20
2° Payé pour impression et expédition à divers des listes de souscripteurs	18 »
3° Payé à M. Ant. Meyer, photographe à Colmar, pour reproduction du portrait à l'huile de M. de Serre, conservé à la Cour de cette ville : à 25 fr. la première épreuve, et 12 fr. 50 c. chacune des quatre autres ; port et emballage.	76 50
4° Payé à M. Mathias Schiff, statuaire, pour l'exécution du buste de M. de Serre, livré en plâtre au fondeur . .	1,000 »
5° Payé à MM. Thiébaut frères, fondeurs à Paris, rue Guersant, 32, pour reproduction en bronze du buste d'après le modèle en plâtre de M. Schiff : fourniture	
A reporter.	1123f 70

Report 1123f 70

du bronze, moulage, ciselure et bronzage, 900 fr. ; caisse et emballage, 20 fr.; expédition de Paris à Pagny-sur-Moselle ; en tout 937 75

6° Payé à MM. Parvillée et Cornille, sculpteurs-décorateurs, rue de Strasbourg, 126, à Nancy, pour sculpture en pierre de la niche destinée à contenir le buste ; fourniture de pierre de Savonnières premier choix, et taille de pierre ; plaque en marbre noir poli, avec inscription en lettres gravées en biseaux et dorées (exécutée par M. F. Thouvenin, marbrier) ; transport à Pagny, suivant mémoire réglé et arrêté par M. Genay, architecte, à . . . . 1,100 »

7° Payé à M. Brouant, entrepreneur à Pagny, pour démolition partielle du mur de face de la maison natale, maçonnerie, retaille du chéneau, rétablissement partiel de toiture, frais d'échafaudage du sculpteur et du marbrier ; suivant mémoire réglé et arrêté par M. Genay, architecte, à . . . . 340 »

8° Payé aux époux Bourbon, propriétaires de la maison natale, montant de l'indemnité par eux exigée pour constitution de servitude perpétuelle d'appui du buste sur la façade de leur immeuble[1] . . . . 400 »

9° Payé aux mêmes, pour démontage de corps-pendant déplacé et remplacé à neuf, travail nécessité pour rendre libre l'emplacement de la façade occupé par le buste . . . . 35 »

10° Payé à M. Florange pour déballage et transport du buste à Pagny ; livraison de planches pour établissement du plancher pour la cérémonie d'inauguration, transport des planches et du feuillage (l'installation du tout et la décoration de la maison ayant été faites à titre gracieux par M. Florange) 24 60

A reporter. 3961f 05

1. Cet article de la dépense n'avait pu être prévu lors de la confection des devis estimatifs.

Report	3961f 05
11° Payé à Me Paul Husson, notaire à Pont-à-Mousson, frais de l'acte authentique dressé le 19 octobre 1886, contenant : 1° constitution de servitude perpétuelle d'appui du buste contre la façade de la maison Bourbon ; 2° donation à la Commune du monument ; timbre, enregistrement, transcription (le notaire ayant fait don de ses honoraires à l'œuvre).	167 »
12° Payé à M. René Wiener cinq cents exemplaires de la reproduction, par la phototypie, du buste.	55 »
13° Dû à l'imprimerie Berger-Levrault et Cie, impression à cinq cents exemplaires de la brochure inaugurale, contenant 7 feuilles, couverture imprimée avec armoiries, et brochage, le tout évalué à	565 »
14° Frais divers ; déboursés postaux, envois d'argent, voyages, gratifications, dépenses de toute nature. .	153 50
15° Frais d'envoi par la poste de la brochure inaugurale, évalués à	75 »
TOTAL.	4976f 55

RÉCAPITULATION

La recette est de	4976 55
La dépense est de	4976 55
Nancy, le 8 décembre 1886.	Égalité.

Affirmé sincère[1],
Louis LALLEMENT.

M. DES AULNOIS, maire de Pagny, et M. MARTIN, curé, ont fait preuve, en toutes circonstances, d'un dévouement absolu à l'œuvre. M. le Maire a bien voulu offrir, chez lui, à ses frais exclusifs, le repas qui a suivi la cérémonie d'inauguration. Qu'ils nous permettent l'un et l'autre de leur exprimer toute notre reconnaissance.

1. Les pièces justificatives de ce Compte, devis, mémoires, quittances, etc., restent entre les mains de M. Lallement, rue de la Pépinière, 27, où tout souscripteur peut venir en prendre communication.

M. Ferdinand Genay, architecte à Nancy, indépendamment de sa souscription au monument, a généreusement refusé non seulement ses honoraires, mais même ses déboursés ayant consisté en déplacements, voyages à Pagny pour direction et surveillance des travaux sur place, règlement des mémoires, etc.

M. Cottereau-Rehm, à Pagny, a également refusé toute rémunération pour les photographies par lui exécutées du buste seul et de l'ensemble du monument. Il n'a pas voulu non plus être couvert de ses déboursés postaux et autres.

Au nom des souscripteurs et de tous ceux qui se sont intéressés à l'œuvre, nous leur témoignons ici, ainsi qu'à Me Husson et à M. Florange, notre vive et profonde gratitude.

III

Délibérations municipales de Pagny et de Pont-à-Mousson.

A. — Extrait du registre des délibérations du conseil municipal de la commune de Pagny-sur-Moselle.

Séance du 16 août 1885.

L'an 1885, le 16 août, à huit heures du matin, les membres composant le Conseil municipal de la commune de Pagny-sur-Moselle, réuni au lieu ordinaire de ses séances, en session légale du mois d'août, sur la convocation de M. le Maire de ladite commune, et sous la présidence de M. des Aulnois, maire.

Étaient présents : MM. des Aulnois (Édouard-Edmond-Marie), maire; Thiébaux (François-Philippe), adjoint; Gourier (Antoine-Émile); Brichon (Christophe); Boucher (Christophe); Courouve (Victor); Romstatt (Charles); Beuvelot (Nicolas); Briqué (Jean-Joseph); Maclot (Augustin); Lorrain (André-François); Brouant (Alexis); Briqué (Joseph-Vincent); Durant (François); Klein (Charles), conseillers[1].

M. Courouve a été désigné, au scrutin, pour remplir les fonctions de secrétaire.

M. le Maire fait connaître au Conseil municipal que quelques admirateurs des gloires lorraines ont eu la pensée d'ériger, à Pagny-sur-Moselle, un buste à M. de Serre, ancien garde des sceaux, et de le placer sur la façade de la maison où il est né.

Il faut, pour l'exécution de ce travail, réunir la somme de 2,000 fr.[2]; et, dans ce but, une souscription est ouverte dans le département de Meurthe-et-Moselle.

---

1. Tous les membres du Conseil municipal assistaient à la séance.
2. Dans cette évaluation primitive des dépenses, on n'avait compris que les honoraires du statuaire et la fonte du buste.

Le Conseil, après en avoir délibéré, est d'avis, à l'unanimité, que la Commune où est né l'homme éminent qui a honoré la tribune française, après avoir été un avocat distingué et un grand magistrat, doit apporter sa souscription à cette œuvre patriotique ; à cet effet, il vote la somme de cinquante francs.

En conséquence, le Conseil prie M. le Préfet de vouloir bien ouvrir à M. le Maire de Pagny-sur-Moselle, sur les fonds disponibles, un crédit de cinquante francs.

Fait et délibéré à Pagny-sur-Moselle, les jours, mois et an avant dits ; et les membres du Conseil municipal ont signé au registre.

Vu et approuvé par le Préfet de Meurthe-et-Moselle.

Nancy, le 8 décembre 1885.

Pour le Préfet :

Le Secrétaire général,

Signé : GAUCKLER.

Pour extrait conforme :

Le Maire de Pagny-sur-Moselle,

Signé : DES AULNOIS.

B. — EXTRAIT DU REGISTRE DES DÉLIBÉRATIONS DU CONSEIL MUNICIPAL DE LA VILLE DE PONT-A-MOUSSON.

Séance du 9 octobre 1885.

L'an 1885, le vendredi 9 du mois d'octobre, le Conseil municipal de Pont-à-Mousson s'est assemblé au lieu ordinaire de ses séances, sous la présidence de M. Munier, maire de cette commune, en session extraordinaire, en vertu de l'article 47 de la loi du 5 avril 1884.

Étaient présents : MM. MUNIER, maire, président; PERRIN et ROUYER, adjoints ; ADT, BONNETTE, CHARDARD, DUHAMEL, HUMBERT, LECŒUR, LESTAUDIN, LÉVY, MANGENOT, NICOLAS, OGER (Jules), et THIRION ; formant nombre suffisant pour délibérer. M. Chardard a été désigné, au scrutin, pour remplir les fonctions de secrétaire.

Le Conseil, ainsi constitué, tenant à l'honneur, pour la Ville de Pont-à-Mousson, de concourir à la souscription ouverte en vue d'ériger un monument à la mémoire de M. le Comte de Serre sur sa maison natale, à Pagny-sur-Moselle.

Vote à cette destination une somme de cinquante francs à prendre sur le crédit des dépenses imprévues.

Délibéré en séance les jours, mois et an avant dits. Suivent les signatures.

Pour extrait conforme :
Le Maire de Pont-à-Mousson,
Signé : J. NICOLAS.

IV

Fragments de la Correspondance échangée entre les souscripteurs et le promoteur de la Souscription. — Texte de la Réponse faite au nom de la Ville libre de Hambourg.

Lettre de M. Édouard Hervé, rédacteur en chef du *Soleil* (15 août 1885):

Vous voulez élever un buste à l'un des plus nobles défenseurs de la monarchie constitutionnelle, à un grand Français et à un grand Lorrain, à Hercule de Serre.

Vous pouvez me compter parmi vos premiers souscripteurs.

Je me rattache à la Lorraine par mon père Jacques Hervé, né à Nancy, élève du lycée de cette ville, rédacteur en chef, à vingt-cinq ans, du *Journal de la Meurthe,* qui brisa sa plume en 1814, le jour de l'entrée des Cosaques à Nancy[1].

M. le premier président de Cléry écrit (15 août):

Il n'est pas possible de caractériser mieux que vous ne le faites la valeur oratoire et morale de M. de Serre. Il fut un type de dévouement éclairé, de fermeté unie à la modération, et de saine intelligence des nécessités de l'époque... Par la modération dont il est empreint, l'Appel[2] que vous adressez aux hommes de tous les partis, laissant de côté toute question irritante, dépeint M. de Serre comme le fera l'histoire la plus impartiale.

M. Target, ancien député (22 août):

Permettez-moi de vous adresser ma modeste souscription pour le buste que vous vous proposez de placer sur la maison où est né H. de Serre, l'homme d'État et l'orateur politique le plus éminent de la Restauration.

---

1. V. Ch. Courbe, *Promenades historiques à travers les rues de Nancy*, page 196.
2. Page 5 ci-dessus.

M. Salmon, conseiller honoraire à la Cour de cassation (2 septembre) :

Le buste constitue une avance et des arrhes pour la statue ; viendra le jour, je l'espère, où un gouvernement réparateur les tiendra et l'élèvera au Palais-Bourbon, en compagnie de celles de Bailly et de Casimir Périer.

M. Adolphe Besval, ancien bâtonnier de l'Ordre des avocats de Nancy (4 septembre) :

C'est une grande illustration lorraine qu'il serait déplorable de laisser tomber dans l'oubli, et c'est un bien modeste tribut dont nous honorons sa mémoire à une époque où tant de médiocrités obtiennent des statues.

M. Ant. Besval, ancien notaire (8 septembre) :

Vous avez eu une heureuse et patriotique inspiration, en provoquant l'érection d'un monument à la mémoire du Comte de Serre. Je ne connais pas de personnalité plus attachante que la sienne parmi les hommes d'État de la Restauration. Le Comte de Serre et le Duc de Richelieu sont peut-être les deux hommes qui ont rendu, à cette époque, les plus grands services à leur pays ; leur désintéressement était égal à leur capacité. Le jeune émigré cantonné dans une petite ville à l'étranger, se faisant professeur de jeunes gens, même d'enfants, notamment du neveu de son hôte, aidant celui-ci dans les humbles travaux de sa modeste industrie[1], perfectionnant son âme et son cœur aux épreuves de l'exil et de la misère, ne laissait guère soupçonner l'avocat éminent, le magistrat supérieur, l'homme d'État remarquable, enfin l'orateur gracieux et puissant que l'avenir devait révéler.

Où trouver maintenant de ces hommes qui ajoutent à la gloire de leur patrie en dirigeant avec honneur et distinction ses destinées ? Hélas ! hélas !

Le succès de votre entreprise ne peut être douteux. Malgré les préoccupations du moment[2], il se trouvera assez de nos concitoyens pour rendre hommage à celui qui a laissé dans notre contrée un renom de droiture, de sens politique et d'éloquence que nul n'a égalé.

M. Émile Caresme, ancien procureur général (9 septembre) :

Pour moi, ancien magistrat, M. de Serre a eu surtout, avec un grand talent, le mérite d'apporter dans la politique la passion de la justice et du droit....

---

1. Son hôte était un confiseur de Reutlingen-en-Souabe. V. la *Correspondance*, t. I, notamment aux pages 20-22, 29-32 et 35 ; lettres de M. de Serre à sa mère, des 31 août, 4 novembre et 27 décembre 1798.

2. La période électorale qui a précédé le vote mémorable du 4 octobre 1885.

En devenant ministre, il ne dépouilla jamais ses habitudes de magistrat intègre; et, à voir ce qui se passe sous nos yeux, cet éloge n'est pas de médiocre importance.

M. Larcher, avocat (17 septembre) :

Je vous félicite de l'acte de justice dont vous avez pris la généreuse initiative.

M. Charles de Gargan (27 septembre) :

Je vous félicite beaucoup du succès de votre entreprise, je devrais dire de votre œuvre de réparation à l'égard d'un homme dont nos ministres auraient dû toujours s'inspirer, et qui a donné un si bel exemple d'abnégation.

M. Schlumberger, maire de la Ville de Colmar (14 octobre) :

L'appel que vous adressez à la Ville de Colmar en vue de participer à la souscription dont vous avez pris la généreuse initiative, ne pouvait rester sans écho....

Je suis chargé de vous transmettre le vœu qui a été exprimé par le Comité du Musée de Colmar, de pouvoir placer dans nos galeries la reproduction en plâtre du buste du magistrat illustre qui a jeté un si grand éclat sur la Cour dont il a été le Premier Président [1].

M. E. Benoit, président de chambre honoraire (2 novembre) :

J'ai trouvé utile et excellente la pensée d'honorer au lieu de sa naissance le Garde des sceaux de 1819....

Je suis tellement dans les idées de votre lettre que je ne passe pas une fois sur la place de Toul sans regretter de n'y pas saluer la statue du maréchal Gouvion-Saint-Cyr, un Toulois comme le baron Louis : ils étaient les deux collègues de M. de Serre. Le premier réorganisa l'armée ; le second, les finances....

Mme veuve G. Remond (12 novembre) :

Je sais que mon cher mari avait une grande admiration pour cette gloire de notre pays messin, et je serai heureuse de voir son nom parmi ceux des souscripteurs.

M. Lardenois, conseiller à la Cour de cassation (11 novembre) :

Je me félicite de contribuer à honorer la mémoire d'un Lorrain qui fut un libéral sincère, un grand orateur, et qui mourut pauvre après avoir occupé le pouvoir.

---

1. Ce vœu a été accompli. Le buste en plâtre, sorti des mains de Mathias Schiff, est placé au Musée Schœngauer à Colmar.

M. R. DARESTE, conseiller à la Cour de cassation (12 novembre) :

Je vous prie de vouloir bien accepter la somme ci-jointe pour contribuer à l'érection d'un monument à la mémoire de M. de Serre. Celui-là, au moins, a été un honnête homme et a bien servi son pays. Bien des gens à qui on érige des statues n'en pourraient pas dire autant.

M. Louis BUFFET, ancien ministre (14 novembre) :

Je vous prie d'agréer mes bien sincères félicitations pour l'initiative que vous avez prise.

Il est douloureux de penser que jusqu'ici aucun hommage public n'avait été rendu à la mémoire de ce grand citoyen, de cet incomparable orateur, une des gloires les plus pures de la tribune et de la France.

M. le comte D'HAUSSONVILLE (14 novembre) :

Nul assurément n'était plus digne d'un pareil hommage que ce grand Ministre qui a été la personnification la plus éloquente de la fidélité monarchique s'alliant à la foi libérale.

M. Charles DE LACOMBE (14 novembre) :

Ce n'est pas un buste, c'est une statue qu'on devrait élever à ce grand homme de bien, à cet admirable orateur, et ce n'est pas seulement la Lorraine, c'est la France entière qui devrait cet hommage à sa mémoire.

Votre initiative n'en a que plus de droits, dans ce temps d'oubli trop général, à la gratitude de ceux qui se souviennent.

M. ALLOU (15 novembre) :

Mon cher confrère, vous avez bien raison de compter sur mon concours; je suis grand admirateur du talent et du caractère de M. de Serre. On a dit de lui, à l'occasion de sa grande loi sur la presse, qu'il ne s'était préoccupé que d'une seule chose : *faire une bonne loi!* Une bonne loi, c'est-à-dire une loi sans passion, sans esprit de parti, une loi de tous les temps et non pas de circonstance. Je ne sais pas un plus bel éloge pour un législateur.

M. Paul DE RÉMUSAT (16 novembre) :

Je suis très heureux de m'associer à l'œuvre que vous avez entreprise. Mon père avait une admiration très vive pour l'éloquence de M. de Serre et ses nobles qualités, et il m'a transmis ses sentiments avec son nom et ses opinions.

M. Adolphe LOMBARD, bâtonnier et professeur (20 novembre) :

Je vous adresse ma souscription pour l'œuvre de réparation dont vous êtes le parrain.

M. le général B. Hanrion (22 novembre) :

Votre idée a dû être appréciée des amis de la belle éloquence, et en particulier des enfants de notre excellente ville de Metz qui compte de Serre parmi ses gloires.

Je me suis réjoui à la pensée qu'il y avait là pour notre jeune sculpteur lorrain une occasion d'ajouter à sa renommée. Le jeune Schiff a l'étincelle. Il faut qu'on le favorise et le pousse par tous les moyens !

Plus tard (17 janvier 1886), M. le général Hanrion ajoutait :

J'ai écrit à Schiff. Vous avez raison. Il y là une belle œuvre à faire. Le génie du statuaire et le génie de l'orateur doivent se rencontrer et faire jaillir l'étincelle.

M. Thureau-Dangin à M. de Foblant, en lui transmettant sa souscription (23 novembre) :

Veuillez exprimer mon regret de ne pouvoir faire plus pour une si noble cause.

M. George-Lemaire, conseiller à la Cour de cassation (25 novembre) :

En ma qualité de Lorrain et aussi d'ancien membre de la Cour de Colmar, qui était fière d'avoir eu M. de Serre pour Premier Président, je m'associe volontiers à l'hommage que vous voulez lui rendre.

Mme la comtesse de Montalembert (26 novembre) :

Je serai heureuse de coopérer pour mon obole à cette œuvre destinée à réveiller les sentiments du côté d'une âme noble et élevée.

M. le président Bouchon (29 novembre) :

M. de Serre est un Lorrain ; c'était un caractère, *rara avis* dans notre siècle : raison de plus pour l'honorer.

M. le baron Louis de Viel-Castel (29 novembre) :

M. de Serre a été une des personnalités illustres qui ont marqué la plus profonde empreinte dans mes souvenirs de jeunesse.

M. Charles de Mazade (1er décembre) :

Je m'associe au juste et touchant hommage que vous voulez rendre à un homme qui a été l'un des plus purs modèles de l'honneur politique, de l'intégrité éloquente.

M. Guillaume GUIZOT (3 décembre) :

Je suis très heureux de m'associer à l'hommage que vous voulez rendre à la mémoire de M. de Serre. Ce que mon père a écrit sur lui est d'autant plus présent à mon esprit que, cent fois, dans ses conversations, je l'ai entendu revenir avec prédilection sur l'éloquence de M. de Serre, et aussi avec une vive sympathie sur ses qualités comme homme.... Je vous prie d'agréer, avec tous mes compliments sur votre œuvre de justice, l'assurance, etc., etc.

M. A. DE FAULTRIER (1er décembre) :

Mon père a toujours eu pour l'ancien Avocat du barreau de Metz et pour le Ministre de la Restauration une admiration profonde, et je ne remplis aujourd'hui qu'un devoir filial en répondant à votre appel.

M. le comte DE FALLOUX (10 décembre) :

Je serai très honoré de me joindre aux souscripteurs pour le buste si mérité et trop tardif de M. de Serre[1].

M. DE FOBLANT, aussi juste que vrai, écrivait (11 septembre) :

Dans un siècle où l'on érige tant de statues, il était honteux que M. de Serre n'eût pas même un buste dans le département qui l'a vu naître. Le caractère de ce grand homme de bien fut à la hauteur de son talent : c'est à tort que l'injustice des partis l'a accusé d'avoir successivement trahi la cause du roi et celle de la liberté. Il a *toujours* servi l'une et l'autre ; il a souffert pour toutes les deux ; il est mort dans l'*exil* de son ambassade de Naples, car il était fait pour la tribune, non pour les salons d'une ambassade, si dorés qu'ils fussent.

Plus tard, le même disait non moins justement (25 novembre) :

Dans son livre : *Royalistes et Républicains,* notre ami M. Paul Thureau-Dangin a tracé des principaux ministres et orateurs de la Restauration des portraits ineffaçables. Celui de M. de Serre est du nombre. L'auteur montre que ce grand homme de bien n'a jamais trahi aucune de ses convictions. C'est, au contraire, pour rester fidèle à toutes qu'au risque de sacrifier sa popularité, ses amitiés les plus illustres et « jusqu'à l'apparence de cette unité qui fait la dignité de sa vie politique[2] », M. de Serre a porté ses efforts et son

---

1. C'est là une des dernières lettres émanées de M. de Falloux, qui est mort à Angers le 6 janvier 1886.

2. *Royalistes et Républicains ;* Paris, 1874 ; pages 157-227. La phrase citée entre guillemets par M. de Foblant est à la page 157.

éloquence tantôt du côté de l'autorité, tantôt de celui de la liberté, suivant que l'une ou l'autre de ces deux causes, inséparables dans son esprit comme dans son cœur, lui semblait surtout menacée.

Nous terminerons ces citations, qu'il nous serait facile de multiplier, par un extrait de la lettre écrite par Mgr TURINAZ, évêque de Nancy, qui, l'un des premiers, s'était empressé de souscrire (21 septembre) :

J'ai voulu donner à M. de Serre et à ceux qui honorent sa mémoire un faible témoignage de mes sympathies. Ce que j'admire en M. de Serre, ce n'est pas seulement l'éloquence d'un des maîtres de la parole en notre siècle, c'est l'élévation et la noblesse des sentiments, la grandeur et l'énergie d'une âme qui n'a eu d'autre ambition que celle de servir son pays, et qui, sans dévier jamais du chemin de la justice et de l'honneur, a supporté les attaques de ses adversaires et les atteintes mille fois plus cruelles de l'ingratitude la plus aveugle.

Il est bon dans tous les temps, mais surtout à l'heure présente, de rappeler ces précieux enseignements et de rendre hommage à ce grand serviteur de la France et à cet illustre fils de la Lorraine.

Un seul refus a été formulé par lettre, et encore l'est-il en des termes qu'il ne paraît pas inutile de faire connaître. Bien que M. de Serre fût arrivé à Hambourg en étranger, il y avait obtenu tant d'estime et rendu tant de services qu'il ne parut pas inconvenant ni excessif d'adresser à la Ville de Hambourg l'*Appel* qu'on envoyait à toutes les cités où s'était passée sa carrière[1].

Voici le texte de la Réponse faite le 28 août 1885 :

LA CHANCELLERIE DU SÉNAT DE LA VILLE LIBRE ET HANSÉATIQUE DE HAMBOURG est chargée de répondre à votre honorée du 17 courant, que le Sénat, sans méconnaître en aucune façon les services rendus par le Comte DE SERRE dans ses fonctions durant les années 1811-1813, ne juge pas cependant qu'il y ait lieu de prendre part à une souscription ayant pour but de concourir à l'érection d'un buste commémoratif qui serait appliqué contre la maison où il est né. *Signé :* ROELOFF.

---

1. C'est l'*Appel* imprimé ci-dessus, page 5.

V

Portraits de M. de Serre. — Choix d'un type pour le buste. — Correspondances à ce sujet.

C'était chose fort importante que d'arriver à reproduire le plus fidèlement possible les traits du grand orateur. Sa famille possède deux portraits originaux, à l'huile : I. — L'un représente M. de Serre à quatorze ans (en 1790), en costume d'Aspirant au Corps royal de l'artillerie[1] ; II. — L'autre a été peint, à Naples, par Mlle de Mohr, fille d'un général autrichien, ambassadeur à Naples, un an environ avant la mort de M. de Serre, qui y est représenté en habit de ville.

III. — Un troisième portrait, officiel, on peut le dire, est conservé dans la salle de la Bibliothèque de la Cour de Colmar, avec cette inscription :

DE SERRE FRANÇOIS-HERCULE,
PREMIER PRÉSIDENT
DU 31 DÉCEMBRE 1814 AU 31 OCTOBRE 1821[2].

M. de Serre y est représenté en costume de Garde des Sceaux : robe noire, frange en soie rouge ; rabat de dentelle ; autour du cou, ruban bleu moiré auquel est suspendu la croix du Saint-Esprit, trois autres décorations, dont celle de Saint-Louis et celle de la Légion d'Honneur.

Ce tableau est attribué à un peintre natif de Colmar, nommé Horer, qui faisait très bien le portrait.

La parfaite ressemblance avec l'original a été affirmée de la façon la plus nette, la plus positive à M. Octave de Maillier, aujourd'hui inspec-

---

1. Ce portrait, gravé sur acier par M. D. Desvachez, est placé en tête du tome I de la *Correspondance*.

2. En réalité, M. de Serre cessa de présider la Cour le 29 décembre 1818, lors de son entrée au ministère Decazes ; il fit également partie du ministère de Richelieu ; mais, tant qu'il n'était pas remplacé dans ses fonctions inamovibles de Premier Président, il pouvait les reprendre, ou plutôt il continuait d'en être investi, tout en ne les remplissant pas ; il était considéré comme momentanément absent de son siège pour le service du Roi. (Bartholdi, *Curiosités d'Alsace*. Colmar, imp. Decker ; tome I, 1861-1862 ; page 62.)

teur des forêts en retraite à Nancy, par son oncle et beau-père, M. Antoine-Eugène de Maillier, qui, après avoir été substitut du procureur général à Colmar jusqu'en janvier 1816, fut plus tard, pendant dix ans, directeur des affaires civiles au ministère de la justice, sous M. de Serre et ses successeurs, jusqu'en 1830; il fut ensuite avocat à Metz, puis, en 1836, conseiller à la Cour de cette ville, et mourut conseiller honoraire le 24 avril 1858. Né à Rambervillers le 6 octobre 1783, M. A. E. de Maillier n'avait que sept ans de moins que le comte de Serre [1].

Un jour, en 1841, M. A. E. de Maillier conduisit son neveu à Colmar, où il lui montra le Palais de Justice. En apercevant, dans la chambre du conseil de la Cour royale, le portrait de l'homme illustre dont il s'honorait d'avoir été l'admirateur et l'ami, il ne put s'empêcher de s'écrier avec une émotion visible : « *Digne homme ! comme c'est cela ! je* « *le retrouve !* »

M. Octave de Maillier garda de cette appréciation hautement significative un ineffaçable souvenir, dont il voulut bien me faire part en m'apportant sa souscription, le 20 septembre 1885. Je pus alors, grâce au concours très actif et très dévoué de M. Ingold, notaire honoraire à Colmar, faire exécuter une photographie aussi exacte que possible du portrait dont il vient d'être question [2].

IV. — M. Salmon, conseiller à la Cour de cassation, avaiteu la bonne fortune de pouvoir faire photographier un croquis de M. de Serre, vu de profil, déjà malade, dans son fauteuil, à Naples ; l'original en a été dessiné par Mlle de Mohr, jeune personne charmante, que M. de Serre affectionnait.

Il est loin d'être un chef-d'œuvre, m'écrivait-il le 23 novembre 1885, mais l'*ancien secrétaire de l'homme d'État* [3], qui m'a permis de le faire reproduire de cette façon, *m'en a attesté la parfaite ressemblance.* Cette image, si vous n'en considérez que la figure, vous donnera une idée de la physionomie de l'homme et de son expression ; elle rend son intelligence et sa douceur ; mais elle

1. Voir, sur cet honorable magistrat, le discours prononcé, le 5 novembre 1853, par M. Moisson, avocat général, à l'audience solennelle de rentrée de la Cour de Metz, pages 21-22. M. de Maillier était devenu conseiller honoraire le 29 octobre 1853.

2. Une de ces photographies, parfaitement exécutées par M. Ant. Meyer, à Colmar, est placée dans la salle principale de la mairie de Pagny-sur-Moselle. Les personnes qui désireraient la comparer avec l'œuvre de Schiff pourront le faire très facilement, la Maison Commune étant à quelques pas de la maison où naquit l'orateur.

3. M. Riboulet.

accuse déjà la fatigue et la maladie. A coup sûr, cette photographie ne vous fournira pas un type, mais elle pourra vous aider à apprécier la valeur de ceux entre lesquels vous aurez à choisir.

Schiff m'avait écrit dès le 11 septembre 1885 :

Il faudra aussi, autant que possible, recueillir les portraits en profil, qui sont des documents précieux pour le buste et qui font presque toujours défaut.

V. — Il existe un portrait gravé, cité par Soliman Lieutaud à la page 167 de sa *Liste alphabétique de portraits dessinés, gravés et lithographiés de personnages nés en Lorraine;* 2e édition, Paris, 1862, avec cette mention :

Mlle de Montfort pinxt, *Giroux* sc. ; in-8o.

Il s'en conserve un exemplaire au Musée historique lorrain, à Nancy, dans la collection Saint-Florent. C'est, du reste, le même que M. de Cormenin a joint au *Livre des Orateurs,* 12e édition, grand in-8o, Pagnerre, 1842, en regard de la page 303.

VI. — Un autre portrait, gravé sur acier par M. D. Desvachez, et portant le millésime 1820, a été donné par M. Gaston de Serre fils en tête du tome III de la *Correspondance.* Il est fait d'après un tableau à l'huile que la famille a fait exécuter après la mort de l'orateur, et qu'elle conserve à Paris [1].

Schiff [2], qui avait hésité à commencer le buste tant qu'il n'avait eu à sa disposition que cette dernière gravure, se mit à l'œuvre avec

1. Nous ne disons rien des bustes, puisqu'aucun n'a été exécuté du vivant de M. de Serre.

L'un, en marbre blanc, œuvre d'Adam Salomon, a été donné par M. de Serre fils au Musée de Versailles, où il est exposé.

« Adam Salomon, — m'écrivait M. le comte Gaston de Serre le 16 août 1885, — a travaillé d'après des portraits et d'après quelques avis de ma mère, qui n'était pleinement satisfaite d'aucun portrait » (d'aucun de ceux que possédait la famille, qui n'a connu le portrait de Colmar que par la révélation de son existence faite par M. O. de Maillier en septembre 1885 seulement).

Aussi Schiff m'écrivait-il fort judicieusement, dès le 11 septembre 1885 : « Je crois agir avec « prudence en me fiant de préférence aux portraits conservés par la famille plutôt qu'à un buste « fait mécaniquement et qui pourrait m'induire en erreur. »

— Un autre buste en plâtre existe à Nancy, dans la salle des séances de l'Académie de Stanislas. M. de Serre y est représenté en costume de voyageur, drapé dans un vaste manteau, genre Chateaubriand et Lamartine. Ignorant à quelles sources cette œuvre tant soit peu fantaisiste a été puisée, nous n'avons pu en faire aucun usage.

2. Mathias Schiff est né le 15 janvier 1862, à Rethel-lès-Sierck, localité où il y eut naguère une Chartreuse célèbre. Rethel, comme Sierck, appartint à la Lorraine jusqu'en 1661, puis à la France de 1661 à 1871 (V. Dom Calmet, *Notice de la Lorraine,* t. II, col. 327, 330 et 491).

— Hélas ! au moment même où nous revoyons l'épreuve de cette feuille, nous apprenons, avec une douleur inexprimable, la mort de Mathias Schiff, survenue le 21 novembre 1886, à Rethel-lès-Sierck, à la suite d'une maladie de poitrine aussi longue que cruelle. Le buste du Comte de Serre aura été son chant du cygne !.....

ardeur dès qu'il eut reçu la reproduction photographique du tableau de Colmar.

Ce portrait, m'écrivait-il d'Alger, le 27 novembre 1885, a beaucoup de caractère et paraît très sincère comme ressemblance... L'artiste qui a fait ce portrait a dû comprendre et saisir la physionomie de son modèle. On voit cela sans effort. Il y a une telle finesse dans les traits, une telle vie réelle dans tout l'ensemble, que cela ne peut pas être un portrait à peu près. En outre, il y a beaucoup d'analogie avec celui qui se trouve chez M. de Serre fils (le n° II ci-dessus), mais celui-ci, celui de Colmar, lui est encore supérieur comme expression. J'ai comparé ce beau portrait avec les gravures que j'ai, et réellement la différence est trop forte pour que je puisse désormais avoir confiance en la gravure. Ce n'est pas étonnant, l'un (le n° III) étant le portrait d'après nature ; l'autre (le n° VI) un portrait après décès fait d'après d'autres portraits, dans une moyenne commune. C'est facile à comprendre. Le monsieur qui a fait ce portrait (n° VI) de M. de Serre, s'est occupé surtout de le faire à l'âge mûr, mais avec encore le maximum de vigueur ; il s'est occupé à rendre son travail joli, agréable, en maintenant une certaine quantité de ressemblance. Or, il est arrivé que ce monsieur, afin de faire un portrait ressemblant à tous les âges, a dû détruire ce qu'il y avait de caractéristique, de particulier. Ainsi, en prenant les choses en détail et pour ne pas parler du front qui, dans la gravure, n'est pas cela du tout, la bouche n'est et ne peut être ressemblante. Dans la photographie (du n° III), c'est bien autre chose, on y sent la nature, la finesse d'expression, la vie, la sincérité. Le nez aussi a une autre finesse que sur la gravure, et le crâne, en général, est bien plus intelligent. Donc, je crois que cette photographie est un précieux renseignement, et *je me base sur elle pour la ressemblance*... Je vous remercie beaucoup d'avoir bien voulu me procurer cette photographie, car elle m'a rendu le plus grand service.

Je commencerai le buste d'après ce renseignement, et cela le plus tôt possible.

Dans une lettre écrite aussi d'Alger, le 19 décembre 1885, Schiff, parlant du portrait de profil (n° IV), me dit :

La photographie du croquis en profil me sera, je l'espère, d'un grand secours pour ce qui concerne la construction du crâne, mais dans l'expression de la face il est en désaccord avec le magnifique portrait de Colmar ; cela tient peut-être aussi à la différence d'âge[1].

---

1. C'est peu probable, la vie publique de M. de Serre étant resserrée entre 1815 et 1824. Mais le

Quant au costume, je crois que la robe et le rabat[1] feront bien l'affaire. C'est celui qui est le plus sculptural, le plus décoratif comme ligne, et au moins il y a de la souplesse dans la forme.

Suivent des observations pleines de justesse, qu'il me paraît intéressant de reproduire, parce qu'elles prouvent avec quelle conscience, avec quel art Schiff a travaillé. Comme je le pressais de terminer l'œuvre, il me répondait :

Un buste d'après nature peut se faire en quinze jours, et on peut dès le premier jour fixer le nombre des séances. Mais quand il s'agit d'un buste d'après photographie, ce n'est pas la même chose, si toutefois on veut obtenir un bon résultat. On n'a pas devant soi la nature ni l'entrain passionné qu'elle donne ; on ne peut, au premier abord, entrer exactement dans l'esprit caractéristique de son modèle à cause de la contradiction qui existe entre les différents renseignements qu'on a. De là il résulte une étude plus réfléchie et moins passionnée, des tâtonnements, des déceptions, et voilà à quoi il faut s'attendre quand on fait un buste après décès... C'est pourquoi j'ai pensé qu'une simple étude préliminaire du buste de M. de Serre serait tout ce que je puis faire à Alger, et qu'ensuite, au mois de mars, en revenant en France, elle me servirait pour faire rapidement et bien la maquette définitive. J'aurai étudié la tête, je la comprendrai mieux, et mon coup d'ébauchoir sera plus franc, plus sûr. En plus, je pourrai avoir les conseils de M. de Serre fils[2].

Au mois de janvier 1886, M. le comte Gaston de Serre envoya à Schiff une reproduction photographique, exécutée par M. Vallette, du portrait n° II, dont le jeune statuaire avait admiré chez lui l'original, qu'il comptait même prendre pour type avant d'avoir le portrait de Colmar.

En recevant cet envoi, Schiff m'écrivit (27 janvier 1886) :

J'ai reçu la photographie que m'a envoyée M. de Serre ; et, quoique à mon

---

profil diffère souvent beaucoup de l'aspect de la face. Cela peut aussi tenir à l'état de santé : on a vu ci-dessus que M. de Serre était déjà malade lorsque Mlle de Mohr dessina son profil.

1. C'est, comme on l'a vu plus haut, sous ce costume que M. de Serre est représenté dans le portrait de Colmar (no III). Il n'y avait donc pas à hésiter, le costume de député à la tribune se prêtant mal à l'art du statuaire (voir, par exemple, le portrait bien connu du général Foy à la tribune prononçant les paroles : *Celui qui veut plus que la Charte,* etc. ; il a été reproduit par la lithographie).

Il y avait, du reste, une autre raison décisive d'adopter ce costume : c'est que le Garde des Sceaux portait toujours la simarre devant les Chambres. Le fait m'est affirmé comme indéniable par l'honorable et érudit M. Salmon (lettre du 28 novembre 1886).

2. M. François-Gaston de Serre avait de neuf à dix ans quand son père est mort.

avis elle ne soit pas aussi belle que celle de Colmar, il y a cependant le même fond de caractère. On y retrouve les mêmes traits, la même physionomie. Je suis content d'avoir ce nouveau document qui fait valoir les premiers.

Le statuaire, ainsi entouré de tous les portraits connus de son modèle, poursuivit sa tâche ; et le 23 avril, il m'écrivait de Blidah :

L'essentiel est fait, *la ressemblance trouvée.* Ce qui reste à faire n'est qu'une question d'art, d'arrangement décoratif, qui n'exige pas beaucoup de temps...

Parti d'Alger le 19 mai pour rentrer en France, Schiff ne discontinua plus l'œuvre entreprise ; et, le 2 juillet, touchant au terme, il m'écrivait :

J'ai retravaillé toute la tête... ; j'ai revu aussi la bouche... Il faut raisonner son affaire, tâcher de satisfaire la ressemblance, et la mettre en harmonie avec une forme sculpturale. C'est pourquoi on est poussé malgré soi à se cramponner à tous les détails qu'on a sous les yeux. C'est par la comparaison des différents documents qu'on a qu'on arrive à se faire une idée de la forme exacte. En résumé, j'ai cherché avant tout une expression (sans pour cela négliger la ressemblance), mais mon buste est plutôt un assemblage de tous les portraits que j'ai sous la main que la copie exacte d'un seul de ces portraits. *Il y a une chose qui me fait plaisir : c'est que dans mon buste on retrouve le même homme que le portrait qui est représenté à l'âge de quinze ans* (le n° I), *et que je trouve charmant et très sincère.* C'est un document caractéristique qui m'a beaucoup servi.

J'ai la bien vive satisfaction de savoir que, sans copier *servilement* le tableau de Colmar, — ainsi qu'il vient lui-même de l'expliquer, — Schiff est cependant parvenu à le reproduire avec une fidélité et un bonheur vraiment remarquables. C'est ce qui ressort de la lettre qui m'a été écrite par l'honorable M. Ingold en ces termes (18 octobre) :

Le modèle en plâtre du buste de M. de Serre a été placé au Musée où il fera fort bon effet. C'est une belle œuvre d'art parfaitement réussie et D'UNE ÉTONNANTE RESSEMBLANCE AVEC LE PORTRAIT EN PEINTURE QUE POSSÈDE LA COUR.

De son côté, M. le Maire de Colmar m'écrivait (15 octobre) :

Ce buste est d'une exécution très remarquable, et fait le plus grand honneur à l'artiste qui l'a conçu et exécuté.

Nous possédons donc une œuvre d'art et un portrait ressemblant : le public est à même d'en juger le mérite. Au moment de mettre la dernière main à son travail, Schiff m'avait écrit avec une modestie charmante (2 juillet) :

Je fais mon possible pour faire quelque chose de bien. Je voudrais faire quelque chose d'irréprochable, mais, à mon avis, j'en suis encore loin. Ce n'est pas faute de travail et de bonne volonté, mais faute de talent. Je vais bien profiter des derniers jours qui me restent pour chercher mieux.... J'ai montré le buste à M. Aubé, sculpteur, ainsi qu'à mon ami Hannaux, également sculpteur. Tous deux trouvent que j'en ai tiré tout le parti possible, et qu'il me sera difficile de faire bien mieux.

Enfin, le 3 août, Schiff m'écrivait de Paris :

Hier après-midi j'ai été chez MM. Thiébaut frères pour voir la fonte du buste de M. de Serre qui est terminée. Elle est très bien réussie à tous les points de vue. Une chose qui vous frappera peut-être, c'est le ton fauve et un peu trop neuf de la patine. C'est un peu cru en effet, mais c'est une question insignifiante. Comme le buste doit être placé en plein air, il prendra rapidement la patine que lui donneront le temps et l'air, la vraie patine en somme.

Tous ces détails me paraissent intéressants à conserver. Ils font connaître le soin religieux avec lequel on a désiré et voulu la ressemblance pour le buste de Pagny ; on tenait essentiellement à en faire une œuvre historique, et non pas fantaisiste.

VI

Acte de baptême de M. de Serre

EXTRAIT DU « REGISTRE DE BATEME, MARIAGE ET SÉPULTURE DE PAGNY-SUR-MOSELLE, FAIT PAR ARRÊT DU PARLEMENT DE NANCY POUR REMPLACER LES ANCIENS » (1772-1780), F° 24, V°

Ledit registre conservé au greffe du Tribunal civil de Nancy.

« *Bateme.* — Pierre-François-Hercule, fils légitime de messire « François-Louis de Serre, ancien officier de cavalerie au service de « France, seigneur du fief de Courcol, et de dame Barbe-Marguerite de « Maudhuy dame de Beaucharmois, son épouse, de cette paroisse, est « né le douze mars mil sept cent soixante et seize à neuf heures du « matin, et a été batisé le même jour avec les cérémonies ordinaires; « il a eu pour parrein messire Pierre Hausen, capitaine de cavalerie au « service de France, seigneur de Weitzem et de Remelfing, oncle ma- « ternel de son père, représenté par Nicolas-Henry Renaut, valet de « chambre à M. de Serre, et pour marreine demoiselle Françoise-Ca- « therine Antoine, tante maternelle de sa mère, représentée par Cathe- « rine Poncet, femme de chambre à Mme de Serre, lesquels ont signés « (*sic*). *Nicolas-Henry Renaut, Catherine Poncet,* et *F. L. Malgaigne,* « curé de Pagny. »

VII

Collation du titre de Comte héréditaire. — Érection d'un majorat

A. — *Ordonnances royales du 30 septembre 1821.*

LOUIS, *par la grâce de Dieu,* ROI DE FRANCE ET DE NAVARRE ;

A tous ceux qui les présentes verront, Salut.

Sur le rapport du Président de notre Conseil des Ministres,

Voulant donner à notre amé et féal PIERRE-FRANÇOIS-HERCULE DE SERRE, chevalier, Garde des Sceaux de France, notre Ministre et Secrétaire d'État du Département de la Justice, une preuve de notre bienveillance particulière et de la satisfaction que Nous avons des services qu'il rend à l'État et à Nous;

Nous avons ordonné et ordonnons ce qui suit :

I. — Le titre héréditaire de Comte est conféré à notre amé et féal le S^r DE SERRE. Ce titre est transmissible dans sa descendance directe, masculine et légitime de mâle en mâle et par ordre de primogéniture.

Nous nous réservons d'attacher à ce titre un revenu propre à en fonder le majorat.

II. — Les Lettres patentes de ce titre et les lettres constitutives du majorat seront expédiées à la diligence de notre Commissaire au Sceau de France. Ces lettres seront expédiées sans frais, remise entière des droits du sceau et des droits du majorat étant faite par les présentes.

III. — Le Président de notre Conseil des Ministres est chargé de l'exécution de la présente Ordonnance.

Donné à Paris le 30e jour du mois de septembre de l'an de grâce 1821 et de notre règne le 27e.

Signé : LOUIS.

Par le Roi :
Le Président du Conseil des Ministres,
Signé : RICHELIEU.

Par Ordonnance du même jour, un majorat de 20,000 fr. de revenu a été attaché au titre de Comte.

B. — *Ordonnance royale du 24 octobre 1821.*

LOUIS, *par la grâce de Dieu,* ROI DE FRANCE ET DE NAVARRE ;

A tous présents et à venir, Salut.

Par notre Ordonnance du 30 septembre dernier, Nous avons conféré le titre de Comte à notre amé et féal le Sr PIERRE-FRANÇOIS-HERCULE DE SERRE, chevalier, Garde des Sceaux de France, notre Ministre et Secrétaire d'État au Département de la Justice, chevalier de nos Ordres, commandeur de l'Ordre royal de la Légion d'Honneur, chevalier de l'Ordre royal et militaire de Saint-Louis, né à Pagny-sous-Preny, département de la Meurthe, le 12 mars 1776 ; et Nous nous sommes réservé d'attacher à ce titre un revenu propre à en former le majorat ; par une autre Ordonnance du même jour, Nous l'avons, en outre, autorizé à établir dans sa famille un majorat de 20,000 francs de rente, auquel ce titre de Comte serait affecté. Désirant joindre à ces deux grâces une marque éclatante de notre bienveillance particulière et donner aussi à notre amé et féal le S[r] DE SERRE une preuve spéciale de la satisfaction que Nous avons des services qu'il rend à l'État et à Nous dans le poste éminent où notre confiance l'a placé, Nous lui avons fait donation, pour lui et les siens, de la somme nécessaire à l'acquisition de vingt mille francs de revenus destinés à former la dotation du majorat qu'il est autorisé à établir, à la charge par lui d'en faire la conversion en rentes sur l'État, ou de l'employer à l'acquisition d'un domaine de pareil revenu. Pour l'exécution de ces dispositions et Ordonnances, notre amé et féal le S[r] DE SERRE désirant obtenir nos Lettres Patentes érectives de ce majorat et collatives du titre y affecté, le Président de notre Conseil des Ministres Nous a présenté les conclusions du Maître des Requêtes, notre Commissaire au Sceau de France et l'avis de notre Commission du Sceau, desquels il résulte que, suivant l'acte indicatif délivré le 23 de ce mois, les biens proposés pour la constitution du majorat dont il s'agit sont trois inscriptions de cinq pour cent consolidées portées au nom de notre amé et féal le S[r] DE SERRE sur le grand-livre de la Dette publique sous les n°s 57,801, 57,815,

57,820, série 3e, ensemble de vingt mille francs de rente et immobilisées par déclaration relatée au certificat du Directeur du Grand-Livre numéroté 31 ; ladite rente de vingt mille francs ainsi indiquée, représentant la somme qu'il Nous a plu accorder à notre amé et féal le Sr de Serre à titre de dotation spéciale et perpétuelle. A ces causes, Nous avons, de notre grâce spéciale, pleine puissance et autorité royale, érigé et, par ces présentes signées de notre nom, Nous érigeons en majorat les inscriptions susénoncées à lui appartenantes..... et produisant ensemble vingt mille francs de rente ; auquel majorat est et demeure affecté le titre de Comte que, par l'une de nos Ordonnances susdatées, Nous avons accordé à notre amé et féal le Sr de Serre et que Nous lui conférons par ces mêmes présentes ; pour ledit majorat et le titre y attaché passer ensemble, après lui, à sa descendance directe et légitime, de mâle en mâle, par ordre de primogéniture, sous la condition que celui de ses enfants ou descendants qui sera appelé immédiatement après lui à posséder ce majorat avec le titre de Comte, recueillera à titre de préciput et hors part héréditaire dans la succession, ladite rente, sans qu'on puisse argüer, s'il y avait lieu, que ce majorat excède la portion disponible à titre gratuit des biens qui composeront la succession de notre amé et féal Sr de Serre fondateur, à l'instant de son décès ; ladite rente étant un pur don qu'il Nous a plu lui faire, et notre intention étant que la dotation à laquelle elle est consacrée soit à toujours maintenue dans son entier, pour perpétuer le souvenir de notre royale munificence ; Voulons toutefois et entendons, arrivant, ce qu'à Dieu ne plaise, que la descendance masculine et légitime de notre amé et féal Sr de Serre vînt à s'éteindre, que le fonds de vingt mille francs de revenus dont Nous l'avons gratifié, passe, comme tous ses autres biens, à ses héritiers légitimes, sans qu'il y ait, en aucun cas, lieu au droit de retour à notre Couronne ;

Permettons à notre amé et féal led. Sr de Serre de se dire et qualifier Comte en tous actes et contrats, tant en jugement que hors jugement ; Voulons qu'il soit reconnu partout en ladite qualité et jouisse des rangs et honneurs attachés à ce titre, à la charge par lui de Nous prêter serment de fidélité : lui permettons en outre et à ses enfants, postérité et descendants mâles et femelles, nés ou à naître en ligne directe et en légitime mariage, de porter en tous lieux les armoiries timbrées telles qu'elles sont figurées et coloriées aux présentes, et qui sont : *D'argent, à la montagne ombragée de sinople, tranchée d'azur au lion léopardé d'or ; l'écu timbré d'une couronne de Comte.*

Chargeons le Maître des Requêtes, notre Commissaire au Sceau de France, de surveiller l'insertion au Bulletin des Lois des présentes Lettres Patentes, lesquelles seront en outre publiées et registrées tant à la Cour royale de Paris qu'au Tribunal de première instance du même lieu, dans les arrondissements et ressort desquels le Comte DE SERRE est domicilié.

Mandons à nos amés et féaux conseillers en notre Cour royale de Paris de recevoir dud. Comte DE SERRE le serment de fidélité à notre personne et d'obéissance à la Charte constitutionnelle et aux lois du Royaume, duquel serment l'acte sera consigné à la suite de l'enregistrement des Lettres Patentes, et copie en sera envoyée à notre Commissaire au Sceau. Car tel est notre bon plaisir ; et afin que ce soit chose ferme et stable à toujours, Nous y avons fait apposer notre Grand Sceau en présence de notre Commissaire au Sceau de France et de notre Commission du Sceau.

Donné à Paris le 24e jour du mois d'octobre de l'an de grâce 1821 et de notre règne le 27e.

Signé : LOUIS.

Et plus bas est écrit :

Par le Roi,
Pour le Garde des Sceaux :
Le Président du Conseil des Ministres,
Signé : RICHELIEU.

A côté est encore écrit :

Vu au Sceau ; pour le Garde des Sceaux :
Le Président du Conseil des Ministres,
Signé : RICHELIEU.

Certifié conforme :
Le Secrétaire général du Sceau de France,
Signé : CUVILLIER.

(Extrait des Archives de la Chancellerie, place Vendôme, à Paris.)

(Très en abrégé au *Bulletin des Lois*, 7e série, t. XIII, p. 563, n° 11336.)

M. J. Alcide Georgel, dans son *Armorial historique et généalogique des familles de Lorraine titrées ou confirmées dans leurs titres au* XIXe *siècle;* Elbeuf, l'auteur, 1882, grand in-4°, blasonne ainsi qu'il suit les armoiries de la famille de Serre, à la page 603 :

Armes. — *Tranché d'argent et d'azur ; l'argent figurant une montagne, ombrée de sinople, dans les fissures des rochers ; l'azur au lion léopardé d'or passant dans le sens de la bande. — Couronne de Comte. — Cimier : le lion de l'écu.*

M. Georgel ajoute :

Dom Pelletier, page 746 de son *Nobiliaire de Lorraine* (Nancy, Thomas, 1758, in-folio), donne des armes différentes à cette ancienne famille, anoblie par le duc Henri le 25 avril 1609. Nous avons adopté naturellement celles qui furent enregistrées à la Chancellerie, en 1821.

Je me permettrai de faire remarquer que la différence parait être une faute purement matérielle, commise par le graveur, ainsi que cela résulte de ce passage de l'*Errata* placé par Dom Pelletier lui-même à la fin de son *Nobiliaire de Lorraine*, page 4, col. 2 :

Serre...... Les armes sont manquées.

Dom Pelletier applique évidemment cette épithète au blason placé en marge de la page 746, car le texte donne en ces termes le blason de cette famille, d'après les lettres de Henri, duc de Lorraine, expédiées à Nancy le 25 avril 1609, lesdites lettres entérinées le 30 janvier 1610 (*fol. 105, regist. 1609*) :

Porte d'argent, à la montagne ombrée de sinople, tranchée d'azur, au lion léopardé d'or ; et pour cimier le lion de l'écu.

VIII

Extrait de l'Acte authentique destiné à assurer la conservation perpétuelle du monument. — Origine de propriété établissant l'authenticité de la maison natale.

Par-devant Me Paul HUSSON, notaire à la résidence de Pont-à-Mousson, soussigné, assisté de MM. Ciri et Tissot, tous deux demeurant à Pont-à-Mousson, témoins instrumentaires requis et soussignés, ont comparu :

M. LALLEMENT (Marie-Louis-Nicolas), avocat à la Cour d'appel, demeurant à Nancy, rue de la Pépinière, n° 27, *d'une part;*

M. BOURBON (Jacques), propriétaire, et Mme FAUCONNIER (Barbe), sa femme, qu'il autorise, demeurant ensemble à Pagny-sur-Moselle, *d'autre part;*

Et M. DES AULNOIS (Édouard-Edmond), maire de Pagny-sur-Moselle, demeurant en ladite commune, *encore d'autre part;*

Lesquels, avant d'arriver aux conventions qui font l'objet du présent contrat, ont préalablement exposé ce qui suit :

Exposé. — M. le comte Hercule DE SERRE, ancien ministre de la justice, est né à Pagny-sur-Moselle le 12 mars 1776.

Dans le but d'honorer la mémoire et de perpétuer le souvenir de cet homme d'État, une souscription publique a été ouverte sur l'initiative de M. Lallement, l'un des exposants, et le Conseil municipal de Pagny-sur-Moselle y a participé; sa souscription a été dûment approuvée par la Préfecture de Meurthe-et-Moselle à la date du 18 décembre 1885. Les fonds provenant de cette souscription devaient être et ont été employés à la pose d'un buste de M. de Serre sur la façade de sa maison natale à Pagny.

Cette maison se trouve appartenir aujourd'hui à M. et Mme Bourbon, deux autres des comparants, en vertu de titres réguliers qui seront ci-après rappelés.

M. Lallement, promoteur de ladite souscription, après avoir obtenu l'autorisation verbale des propriétaires, a fait creuser sur la façade de leur maison la niche ornementée destinée à recevoir le buste de M. de Serre; et aujourd'hui, les travaux se trouvant terminés et le buste placé, M. Lallement veut assurer dans l'avenir la conservation du monument et en faire donation à la Commune de Pagny-sur-Moselle, à laquelle la garde s'en trouvera ainsi confiée à perpétuité.

Le présent acte a le double but de constituer sur la maison Bourbon la servitude perpétuelle d'appui du monument de Serre, et de faire à la Commune de Pagny donation régulière de ce monument.

CONSTITUTION DE SERVITUDE

Ceci exposé : M. et Mme Jacques Bourbon s'engagent eux, leurs successeurs ou ayants cause à quelque titre que ce soit, envers M. Louis Lallement, qui accepte, ce dernier agissant en sa qualité de promoteur de la souscription de M. de Serre, et, au besoin, en son nom personnel : à maintenir à perpétuité sur la façade de leur maison sise à Pagny-sur-Moselle, Grande Rue, la niche ornementée dans laquelle est placé, avec inscription commémorative, le buste de M. de Serre, exécuté par le statuaire Mathias Schiff et fondu en bronze par MM. Thiébaut frères à Paris, tel que le tout est figuré dans la reproduction photographique dont une épreuve timbrée au timbre de dimension demeurera jointe et annexée, après mention, à la minute du présent acte avec lequel elle sera soumise à la formalité de l'enregistrement.

Origine de propriété. — La maison sur laquelle est constituée la servitude ci-dessus, dépend de la communauté de biens qui existe entre les époux Bourbon par suite de l'acquisition qu'ils en ont faite des demoiselles Contal (Charlotte-Sophie) et Contal (Émilie), de Pagny, suivant acte reçu par Me Dieudonné, notaire à Pont-à-Mousson, le 26 novembre 1868, enregistré et transcrit.

Les demoiselles Contal avaient recueilli, chacune par moitié, cet immeuble dans la succession de leur frère M. Contal (Claude-Victor), décédé capitaine en retraite à Pagny-sur-Moselle le 22 septembre 1867.

Celui-ci en était propriétaire, savoir : moitié pour lui avoir été attribuée dans un acte reçu par Me Dieudonné le 9 mars 1864, aux termes duquel acte a été liquidée la communauté de biens qui avait existé entre ses père et mère, M. Contal (Charles-François), avocat à Pont-à-Mousson, et Mme Mamelet (Marie-Thérèse), sa femme ; il avait acquis l'autre moitié de sa sœur, Mlle Sophie Contal, qui en était attributaire en vertu de la même liquidation, aux termes d'un acte reçu par ledit Me Dieudonné le 12 décembre 1866.

M. et Mme Contal-Mamelet avaient acquis ladite maison de M. Guerbert (François), huissier à Pont-à-Mousson, et de Mme Guichelet (Marie-Anne), sa femme, aux termes d'un procès-verbal d'adjudication dressé par Me Vuillaumé, notaire à Pont-à-Mousson, le 16 septembre 1832, enregistré et transcrit.

Enfin les époux Guerbert tenaient cet immeuble de François-Louis Serre et de Marguerite Maud'huy, son épouse [1], domiciliés à Pagny-sur-Moselle, qui en avaient consenti la vente à leur profit aux termes de trois contrats passés devant Me Claude Munier, notaire à Pont-à-Mousson, le premier, le 16 germinal an IX (6 avril 1801) ; et les deux autres, le 22 du même mois (12 avril 1801) ; ces trois actes enregistrés et transcrits.

Conditions. — Le monument dans son ensemble, y compris les sculptures et l'inscription, a 2^{m},70 de hauteur sur 1^{m},80 de largeur.

Les propriétaires de l'immeuble servant ne pourront, à aucune époque et sous quelque prétexte que ce soit, apporter aucune modification au monument, tel qu'il est actuellement établi sur la façade de la maison.

Ils ne seront chargés ni de sa surveillance ni de son entretien.

Si l'immeuble venait à disparaître par suite d'un incendie ou d'un écroulement ou pour toute autre cause, ils ne pourraient jamais être obligés de reconstruire, et la servitude disparaîtrait avec le fonds servant ; mais, en ce cas, le buste, ainsi que l'inscription et les autres accessoires, pourraient être repris par la Commune de Pagny, pour

1. Les lois révolutionnaires ayant aboli la noblesse héréditaire (décret des 19-25 juin 1790) et prohibé les qualifications féodales ou nobiliaires (décret du 6 fructidor an II-23 août 1794), l'usage s'était introduit, dans les municipalités et dans le notariat, de supprimer, dans les actes de l'état civil et dans les actes authentiques, jusqu'à la particule héraldique, bien qu'elle ne constituât pas un *titre* et fît partie intégrante du nom patronymique.

être placés ailleurs, où bon semblerait à la Commune, par exemple à la mairie.

En cas de reconstruction de la maison, la servitude renaîtrait ; mais les propriétaires ne pourraient être tenus à aucune indemnité ni à aucuns des frais que nécessiterait le rétablissement du monument détruit.

Prix. — La présente constitution de servitude est consentie et acceptée moyennant, pour toutes choses, le prix de *quatre cents francs* que M. Lallement, en sadite qualité, vient à l'instant de verser, en présence et à la vue du notaire soussigné, aux époux Bourbon qui le reconnaissent et lui en donnent quittance pour solde et sans réserve.

DONATION

L'existence du monument de M. de Serre étant ainsi régulièrement assurée, M. Louis Lallement, toujours en la même qualité, a, par les présentes, fait don de l'ensemble de ce monument à la Commune de Pagny-sur-Moselle : ce qui est accepté expressément pour elle et en son nom par M. des Aulnois, l'un des comparants, agissant en sa qualité de maire de la Commune, et en vertu d'une délibération prise par le Conseil municipal de Pagny le 2 octobre dernier ; laquelle délibération a été envoyée à la Préfecture, qui en a donné récépissé le 7 octobre suivant [1] ; desquels délibération et récépissé une ampliation régulière demeurera ci-jointe et annexée, après mention.

La présente donation est faite et acceptée aux conditions suivantes :

La Commune de Pagny devra veiller à perpétuité à la conservation du monument de M. de Serre, s'opposer à ce qu'il y soit apporté aucune modification quelconque, sous quelque prétexte que ce soit, et signaler à M. le Procureur de la République, à Nancy, toute atteinte qui y serait portée en contravention à l'article 257 du Code pénal [2].

Dans le cas où le monument aurait besoin d'une réparation quelconque, le maire de la Commune devra prévenir par lettre M. Louis

1. V. loi du 5 avril 1884 sur l'Organisation municipale, art. 68-80, et alinéa final.
2. L'article 257 du Code pénal punit la dégradation de monuments d'un emprisonnement d'un mois à deux ans, et d'une amende de cent francs à cinq cents francs.

Lallement, ici présent, après son décès, l'un de ses héritiers; et, pour le cas où la Commune ne connaîtrait aucun de ses héritiers, il enverra l'avis écrit à Me Dagand, notaire à Nancy, ou à ses successeurs tant immédiat que médiats.

En aucun cas, la Commune ne pourra être astreinte au paiement d'aucuns frais de réparation, reconstruction ou autres qui demeurent à la charge exclusive de la souscription publique et, au besoin, à la charge personnelle de M. Lallement ou de ses héritiers.....

Transcription. — Les présentes seront transcrites au bureau des hypothèques de Nancy.

Frais. — Les frais du présent acte seront à la charge exclusive de la souscription publique représentée par M. Lallement.

Une expédition des présentes sera remise à M. et Mme Bourbon pour être jointe à leurs titres de propriété; une autre expédition sera délivrée à M. le maire de Pagny pour être conservée dans les Archives de la Commune; le tout aux frais de M. Lallement ès qualité.....

Domicile. — Pour l'exécution des présentes, domicile est élu en l'étude de Me Dagand, notaire à Nancy, et de ses successeurs.

DONT ACTE fait et passé à Pont-à-Mousson, en l'étude de Me Husson, notaire soussigné, l'an 1886, le 19 octobre.....

Enregistré à Pont-à-Mousson le 25 octobre 1886; reçu 74 fr. 75 c., décimes compris; plus 3 fr. 75 c. pour enregistrement de la reproduction photographique du monument annexé à la minute de l'acte, soit, au total, 78 fr. 50 c. *Signé:* DELESTRE.

Déposé n° 453. *Transcrit* au bureau des hypothèques de Nancy, le 2 novembre 1886, vol. 1540, n° 36. Reçu 14 fr. 71 c. *Le Conservateur, Signé :* SIMIAN.

Extrait du registre des délibérations du Conseil municipal de la Commune de Pagny-sur-Moselle.

Séance du 2 octobre 1886.

L'an 1886, le 2 octobre, à huit heures du matin, les membres composant le Conseil municipal de la Commune de Pagny-sur-Moselle, réunis au lieu ordinaire de leurs séances, sur la convocation de M. le maire de ladite commune et sous la présidence de M. des Aulnois, maire.

Étaient présents : MM. des Aulnois, maire; Thiébaux, adjoint; Courouve, Boucher, Brichon, Briqué (Joseph-Vincent), Lorrain, Durant, Beuvelot et Maclot, lesquels forment la majorité des membres en exercice.

Un scrutin ayant eu lieu, M. Courouve a été élu secrétaire.

M. le Maire fait connaître au Conseil municipal que M. Louis Lallement, avocat à Nancy, et promoteur de la souscription à l'effet d'ériger un buste à M. de Serre, ancien ministre, souscription autorisée par M. le Préfet de Meurthe-et-Moselle, a l'intention de faire don de ce buste à la Commune de Pagny-sur-Moselle, à la seule condition que ladite Commune veille à la conservation du monument. M. Lallement s'engageant pour l'avenir à faire toutes les réparations que nécessitera le monument, aucune charge ne peut incomber à la Commune.

Le Conseil municipal, après en avoir délibéré, accepte avec reconnaissance cette donation, et prie l'honorable M. Louis Lallement de recevoir l'expression de sa plus vive gratitude.

Fait et délibéré à Pagny-sur-Moselle les jour, mois et an avant dits, et les membres présents ont signé.

Pour expédition conforme :
Le Maire de Pagny-sur-Moselle,
Signé : des Aulnois.

République française

Préfecture de Meurthe-et-Moselle ; 3e division, 1231-86.

Récépissé.

Le 7 octobre 1886, il a été reçu à la Préfecture de Meurthe-et-Moselle une délibération du Conseil municipal de Pagny-sur-Moselle, en date du 2 octobre 1886, dont l'objet est indiqué ci-après :

Acceptation d'un buste de M. de Serre, ancien ministre, offert par M. Lallement, avocat à Nancy.

Pour le Secrétaire général de la Préfecture :
Le Conseiller de préfecture délégué,
Signé : (Illisible).

Pour ampliation :
Le Maire de Pagny-sur-Moselle,
Signé : des Aulnois.

IX

Texte de l'Inscription gravée au-dessous du buste

DANS CETTE MAISON EST NÉ, LE 12 MARS 1776,
PIERRE-FRANÇOIS-HERCULE COMTE DE SERRE,
PREMIER PRÉSIDENT DES COURS DE HAMBOURG ET DE COLMAR,
PRÉSIDENT DE LA CHAMBRE DES DÉPUTÉS,
GARDE DES SCEAUX, AMBASSADEUR DE FRANCE A NAPLES,
MORT A CASTELLAMARE LE 21 JUILLET 1824.

IL FUT L'HONNEUR DE LA TRIBUNE FRANÇAISE.

SOUSCRIPTION NATIONALE.
1886.

TABLE DES MATIÈRES

PIÈCES JUSTIFICATIVES

Nancy, imprimerie Berger-Levrault et Cie.

www.ingramcontent.com/pod-product-compliance
Ingram Content Group UK Ltd.
Pitfield, Milton Keynes, MK11 3LW, UK
UKHW020328180726
13839UKWH00002B/581

9 782329 555454